Martin Menzel

Gremienkompass

Ein Titelsatz für diese Publikation ist bei der Deutschen Bibliothek erhältlich.

Impressum:

Gremienkompass
Grundlagen zur Gremienarbeit für Jugendverbände und Kirchengemeinden

Autor: Martin Menzel

Titelgestaltung: Eva-Maria Westerdick

Layout und Textsatz: Kontrapunkt Satzstudio Bautzen
Druck: Koninklijke Wöhrmann B.V., NL-Zutphen
1. Auflage 2005

 Verlag Haus Altenberg

ISBN 3-7761-0155-5

1 Vorwort und Einführung   5

2 Bedeutung von Sitzungen – die ideale Sitzung   7

3 Vorbereitung einer Sitzung   10
3.1   Mein eigenes Ziel- und Zeitmanagement
       in der Gremienarbeit   10
3.2   Zielsetzung in der Arbeitsgruppe   12
3.2.1   Jahresplanung   12
3.2.2   Erarbeitung einer Vorbereitungsstruktur   17
3.3   Planung und Organisation einer Arbeitssitzung   18
3.4   Einladung und Tagesordnung zur Sitzung   20
3.5   Raumgestaltung und Ambiente   24
3.5.1   Menschen mit Behinderungen   24
3.5.2   Platzangebot   25
3.5.3   Sitzordnung   25
3.5.4   Ausstattung des Sitzungsraums   27
3.5.5   Pausen und Verpflegung   27

4 Durchführung einer Sitzung   29
4.1   Exkurs: Grundregeln gelingender Kommunikation
       in Arbeitsgruppen   30
4.2   Eröffnung der Sitzung   36
4.3   Spielregeln der Sitzung   38
4.4   Sitzungsleitung und/oder Moderation   41
4.4.1   Rolle der Sitzungsleitung und/oder Moderation   41
4.4.2   Die Person des Moderators   45
4.4.3   Exkurs: Kommunikation in Gremien   46
4.4.4   Strukturieren und zusammenfassen   57
4.4.5   Visualisieren   58
4.4.6   Führen einer Rednerliste   61
4.4.7   Geschäftsordnung (GO)   65
4.4.8   Protokollführung   68
4.5   Wie in Arbeitsgruppen Entscheidungen getroffen werden   72
4.6   Umgang mit schwierigen Typen in Arbeitsgruppen
       und Gremien   75
4.7   Konflikte und Konfliktlösung in Arbeitsgruppen
       und Gremien   78
4.7.1   Was sind Konflikte?   78
4.7.2   Verschiedene Arten von Konflikten   79
4.7.3   Umgang mit Konflikten   80
4.7.4   Konfliktmoderation durch Dritte   85

5 Am Ende einer Sitzung   86
5.1   Maßnahmenplanung   86
5.2   Auswertung und Reflexion von Sitzungen   89
5.2.1   Ziele von Auswertungsmethoden   89

5.2.2   Zwei Techniken der Evaluation   89
5.2.3   Zwei Ebenen der Reflexion   90
5.3   Abschluss der Sitzung   96

6 Methodensammlung für gelingende Gremienarbeit   97
6.1   Einführung in die Arbeit mit Methoden   97
6.2   Methoden zum Einstieg in die Arbeit   100
6.2.1   Kugellager   100
6.2.2   Postkarten-Galerie   101
6.2.3   Coming-in-Runde   102
6.2.4   Wunderkoffer   103
6.2.5   Zwei-Ecken-Spiel   103
6.3   Methoden zur Problemdefinition   105
6.3.1   Themenspeicher   105
6.3.2   Flussdiagramm   105
6.3.3   Sterndiagramm   107
6.4   Methoden zur Ideensammlung und Problemlösung   108
6.4.1   Kartenabfrage / Clustern   108
6.4.2   Mindmap   109
6.4.3   Schreibgespräch   110
6.4.4   Brainstorming   111
6.4.5   Kopfstand-Brainstorming   112
6.5   Methoden zur Maßnahmenplanung   113
6.5.1   Entscheidungsmatrix   113
6.5.2   Problem-Analyse-Schema   116
6.6   Methoden zum Reflektieren   117
6.6.1   Blitzlicht   117
6.6.2   Ein-Punkt-Abfrage   118
6.6.3   Plus-Minus-Liste   119
6.6.4   Auswertungszielscheibe   120
6.6.5   Clustern   121
6.6.6   Evaluationsbogen   122

7 Für eilige Leser: Zweimal zehn goldene Regeln
für effektive Sitzungen   124
7.1   Zehn goldene Regeln für Moderatoren
     von Arbeitssitzungen   124
7.2   Zehn goldene Regeln für Teilnehmer
     an Arbeitssitzungen   126

Kopiervorlagen   128

Literaturtipps zum Weiterlesen   136

Der Autor   138

Kapitel 1: Vorwort und Einführung

Werte Leserinnen und Leser,

Sie haben dieses Buch zur Hand genommen, weil sie hauptberuflich oder ehrenamtlich in Arbeitsgruppen und Gremien mitarbeiten.

Das ehrt Sie und das eint Sie mit Vielen, denn Hunderttausende von Menschen in Deutschland arbeiten in Arbeitsgruppen und Gremien mit und versuchen dort Probleme zu erkennen und Lösungen zu finden.

Dieses Buch will Ihnen theoretischen Hintergrund und praktisches Handwerkszeug mitgeben, damit der Prozess der Problemanalyse und Lösungsfindung bestmöglich funktioniert. Und dabei soll vor allem eines nicht aus den Augen verloren werden: der Spaß und die persönliche Zufriedenheit in der Gremienarbeit. Gerade ehrenamtliche Mitarbeiter in Gremien haben Anspruch darauf, dass Arbeitsgruppen nicht langweilig, frustrierend und damit unattraktiv werden.

Alle in diesem Buch vorgestellten Methoden wurden von mir vielfach in der Praxis angewandt und auf ihre Tauglichkeit hin überprüft. Dennoch bieten diese Methoden nicht per se eine Garantie für gelungene Sitzungen. Das Verstehen menschlicher Kommunikation ist ebenso Voraussetzung wie die gründliche Auswahl der „richtigen" Methode. Beide Aspekte kommen im Buch nicht zu kurz und sollen Ihnen den nötigen Hintergrund vermitteln.

Daneben enthält das Buch viele praktische Anregungen (von der Tagesordnung bis zum Protokoll) für die Vorbereitung und Durchführung einer Arbeitssitzung, die sich ebenfalls bestens in der Praxis bewährt haben. Sie sind eingeladen, diese Tools zu übernehmen und auf Ihre Situation hin anzupassen.

Die im Buch vorgestellten Situationen aus der Praxis sind ebenfalls der Realität entnommen – entweder habe ich sie selbst als Teilnehmer in Arbeitsgruppen erlebt oder sie sind mir in meiner Beratungspraxis begegnet.

So hoffe ich, Ihnen viele Impulse für die Weiterentwicklung
Ihrer Gremienarbeit zu liefern. Ich wünsche Ihnen eine
anregende Lektüre und freue mich über Rückmeldungen.

Krefeld, Oktober 2005

Martin Menzel

Noch ein Hinweis vorab
Ich verwende bei allen Personenbezeichnungen aus Gründen
der besseren Lesbarkeit nur die männliche Form. Es sind selbstverständlich immer beide Geschlechter gleichermaßen gemeint.

Kapitel 2: Bedeutung von Sitzungen – die ideale Sitzung

Sie wollen effektive und angenehme Sitzungen erleben.
Um diesem Ziel näher zu kommen, hilft Ihnen dieses Buch.
Unser erster Blick richtet sich auf die Frage, was eigentlich
eine gelungene Sitzung ausmacht."

Die Bedeutung von Sitzungen

In vielen ehrenamtlichen und hauptberuflichen Arbeitsfeldern
haben Arbeits- und Gremiensitzungen eine hohe Bedeutung.
In demokratischen Prozessen werden gemeinsam Probleme
erkannt, Lösungen gesucht und Maßnahmen geplant. Unser
Gemeinwesen würde ohne diese Prozesse nicht funktionieren.
Auch für den Einzelnen haben Sitzungskultur und demokra-
tische Prozesse große Funktionen: In Gremienarbeit kann der
Einzelne kreativ werden, Ideen einbringen, demokratisch
partizipieren und Gemeinschaft erleben.

Dennoch gibt es zahlreiche Umfragen und Untersuchungen,
die belegen, dass viele Sitzungen
▶ ineffektiv,
▶ unproduktiv und
▶ langweilig
sind.

Die wesentlichen Gründe dieser vielen negativen Erfahrungen
in Sitzungen sind zurückzuführen auf
▶ die oftmals schlechte Vorbereitung von Sitzungen,
▶ die mangelnde Konzentration der Teilnehmer und/oder
▶ den eintönigen und nicht zielorientierten Ablauf
  von vielen Sitzungen.

In vielen Fällen passt die Definition des Begriffs „Sitzung" des
Kabarettisten Werner Finck:

> *„Eine Sitzung ist eine Veranstaltung,*
> *in die viele hineingehen und wenig herauskommt."*

Eine Sitzungskultur wie die eben beschriebene kann nachteilige Folgen für Ihren Verein, Ihren Verband, Ihre Pfarrgemeinde oder Ihre Bürgerinitiative haben, denn Sie kommen zu keinen befriedigenden Ergebnissen, haben unzufriedene Mitarbeiter oder vielleicht bald gar keine mehr. Denn wer – besonders im ehrenamtlichen Bereich – möchte sich eine solche Arbeitsform antun?

Bei so vielen negativen Faktoren in der Gremienarbeit, die vielleicht auch der eine oder andere von Ihnen schon erlebt hat, stellt sich die Frage: „Wie können Sie es anders machen?"

Oder: *„Wie kommen Sie zur idealen Arbeitssitzung?"*

Eine ideale Sitzung orientiert sich an folgenden Maßstäben, die auch das Ziel Ihrer Gremienarbeit werden sollten:

▸ Die Teilnehmer sind im Vorfeld der Sitzung gut informiert über die Inhalte, die bearbeitet werden sollen, und können sich folglich selbst gut vorbereiten

▸ Alle Teilnehmer kommen pünktlich zur Sitzung und bleiben bis zum Ende

▸ Die bearbeiteten Themen sind – wenigstens zum Teil – für alle Teilnehmer interessant und ermöglichen eine aktive Mitarbeit

▸ Der Verlauf und die Ergebnisse einer Sitzung können von allen mitbestimmt werden; alle können Beiträge leisten, die dann zu optimalen Ergebnissen führen

▸ Am Ende einer Sitzung stehen demokratisch erarbeitete und transparente Maßnahmenpläne; jeder weiß am Ende einer Sitzung, was er wie bis wann zu tun hat.

Oder einfacher formuliert: Eine ideale Arbeitssitzung ist gekennzeichnet von zwei verschiedenen (Erfolgs-)Faktoren:

**Zufriedene
Teilnehmer**

**Gute Arbeits-
ergebnisse**

Um diese beiden Faktoren erfolgreich zu gestalten, ist eine Konzentration in der Gremienarbeit auf drei verschiedene Aspekte erforderlich:

Gestaltung der inhaltlichen Prozesse in der Arbeitsgruppe	Bedürfnisse der einzelnen Arbeitsgruppenteilnehmer	Prozesse, die in der gesamten Arbeitsgruppe ablaufen

Diesen drei Feldern widmen sich die folgenden Seiten und wollen Ihnen Anregungen bieten, wie Menschen in Sitzungen

▶ auf die Inhalte konzentriert, zielgerichtet und effizient,

▶ eigenverantwortlich,

▶ im Umgang miteinander zufrieden stellend und möglichst störungsfrei sowie

▶ an der Umsetzung in die alltägliche Praxis orientiert arbeiten

können.

Kapitel 3: Vorbereitung einer Sitzung

Eine gute Vorbereitung ist für den Erfolg in der Gremienarbeit von großer Bedeutung. Dabei ist zu unterscheiden zwischen der eigenen, individuellen Vorbereitung, die bereits beginnt, bevor das Gremium überhaupt seine Arbeit aufnimmt, und der eigentlichen Vorbereitung der inhaltlichen Arbeit.

3.1 Mein eigenes Ziel- und Zeitmanagement in der Gremienarbeit

Bevor man sich dafür (oder auch dagegen) entscheidet, in einer Arbeitsgruppe mitzuarbeiten, ist es wichtig, sich über verschiedene Fragen Klarheit zu verschaffen. Sonst wird das eigene Engagement − besonders wenn es ehrenamtlich ist − schnell zum Frusterlebnis.

▶ **In welchem Bereich möchte ich mich engagieren?**
Entspricht der angedachte Bereich meinen Interessen? Kann ich in diesem Bereich meine Stärken einbringen? Arbeite ich in diesem Bereich oder in diesem Gremium mit Menschen zusammen, mit denen mir das gemeinsame Schaffen Spaß macht?

▶ **Wie viel Zeit möchte ich für meine Mitarbeit in der Arbeitsgruppe aufwenden?**
Hier ist eine präzise Angabe − z. B. in Wochenstunden − nicht verboten. Außerdem ist es durchaus legitim, bei der Leitung oder erfahrenen Mitarbeitern einer Arbeitsgruppe nachzufragen, wie viel Engagement denn gefragt ist oder gar erwartet wird.

▶ **Wo liegen meine Fähigkeiten und Stärken, die ich in eine Arbeitsgruppe einbringen möchte?**

▶ **Welche Veränderungen/Entwicklungen/Prozesse möchte ich durch meine Mitarbeit in einer Arbeitsgruppe in Gang setzen?**

Nur wer diese Fragen für sich verbindlich geklärt hat, wird mit Engagement und vielleicht sogar Enthusiasmus in einer Arbeitsgruppe mitarbeiten. Doch mit dieser allgemeinen Abklärung von Voraussetzungen und persönlichen Zielen – die im Übrigen ständig weiterverfolgt und reflektiert werden müssen – ist es nicht getan.

Jede einzelne Arbeitssitzung erfordert Vorbereitung in Bezug auf das eigene Ziel- und Zeitmanagement. Der folgende Fragebogen kann helfen, sich auf Gremiensitzungen vorzubereiten und diese im Anschluss auch ganz persönlich zu reflektieren, um zu überprüfen, wie hoch die eigene Zufriedenheit bezüglich der Mitarbeit im Gremium ist.

Mein persönliches Ziel- und Zeitmanagement in einer Arbeitsgruppe
Was möchte ich in der Sitzung inhaltlich erreichen?
Woran kann ich erkennen, dass diese Ziele erreicht wurden?
Verfolge ich neben den inhaltlichen auch noch persönliche Ziele?
Woran kann ich erkennen, dass auch diese erreicht wurden?
Wie viel Zeit kann ich nach der Sitzung in die Umsetzung der Ergebnisse investieren?
In welchen inhaltlichen Bereichen möchte ich mich im Nachgang der Sitzung einbringen?
Gibt es etwas Wichtiges auf persönlicher Ebene (einen Konflikt oder Unzufriedenheit), das geklärt werden sollte?

Diese Fragen können eine Hilfestellung bieten, sich auf eine Sitzung vorzubereiten und diese gegebenenfalls auch persönlich zu reflektieren.

Dabei gilt das Prinzip der Schriftlichkeit, denn schriftliche Ziele erhöhen die Wahrscheinlichkeit, nicht in Vergessenheit zu geraten.

3.2   Zielsetzung in der Arbeitsgruppe

Neben dem ganz persönlichen Ziel- und Zeitmanagement
ist auch in der Arbeitsgruppe eine gemeinsame Zieldefinition
wichtig.

Ein gutes Zielmanagement ist ein bedeutsamer Faktor für eine
erfolgreiche Sitzungskultur. Zur Vorbereitung einer Sitzung sind
einige grundlegende Gedanken wichtig.

Wer bereits in Arbeitsgruppen mitgearbeitet hat, kennt vermutlich
folgende Phänomene:
▶ Wir verzetteln uns im Unwesentlichen
▶ Es werden keine Prioritäten gesetzt
▶ Die Bearbeitungszeit bzw. der zeitliche Aufwand
   zur Bearbeitung der anstehenden Aufgaben wird
   falsch eingeschätzt
▶ Es fehlt der Überblick über unsere Aufgaben!

Um all das zu vermeiden, ist ein umfassendes Zielmanagement
in der Gremienarbeit nötig. Lassen Sie sich nicht vom Zeitaufwand hierfür abschrecken, denn dieser wird sich auf jeden
Fall lohnen.

Leitsatz: Planen Sie nicht in Eile, sondern in Ruhe!

Jahresplanung

3.2.1 Jahresplanung
Es ist ein bewährtes Mittel in Gremien, die regelmäßig und über
einen längeren Zeitraum zusammenarbeiten, eine Jahresplanung
zu machen, um Ziele, Inhalte und Strukturen der Zusammenarbeit
zu vereinbaren. Dabei ist es sinnvoll, eine solche Jahresplanung
mit der gesamten Arbeitsgruppe vorzunehmen. Dies erhöht die
Verbindlichkeit von Planungen.

Ich stelle Ihnen im Folgenden ein Planungsraster vor, um zu einer
mittelfristigen Vorbereitung der Arbeit in einer Arbeitsgruppe zu
kommen. Das muss sich auch nicht unbedingt auf ein Jahr beziehen. Suchen Sie sich die Planungsgröße aus, die für Sie und
Ihre Arbeitsgruppe passt.

Ein Beispiel aus der Praxis
Der Pfarrgemeinderat St. Anna steht vor der Aufgabe,
seine Arbeit in den kommenden zwölf Monaten zu planen.

Schritt 1: Themensammlung
Eine solche Planung gehen Sie am besten thematisch an.
Ausgangspunkt ist die erste Frage:
*Welche Themen und Aufgaben müssen wir im kommenden Jahr
bearbeiten?* (Sie ermitteln zuerst die Pflichtaufgaben der Gruppe.)

Die zweite Frage lautet:
*Welche Themen und Aufgaben wollen wir im kommenden Jahr
bearbeiten?* (Sie ermitteln in einem nächsten Schritt die freiwilligen,
zusätzlichen Aufgaben der Gruppe.)

Es geht in diesem Prozess nur darum, die großen inhaltlichen
Themen zu sammeln und nicht das üblicherweise vorhandene
(und damit gut zu kalkulierende) Tagesgeschäft zu planen.
Regelmäßig wiederkehrende große Aufgaben sollen aber durchaus Beachtung finden.

Das Ergebnis dieses Prozesses ist eine Sammlung aller anstehenden Themen im festgelegten Zeitraum – zeitlich und inhaltlich
noch unsortiert. Es empfiehlt sich nun, alle Themen auf Moderationskarten zu schreiben und an eine Pinnwand zu heften,
um damit flexibel weiterarbeiten zu können.

Ergebnis nach Schritt 1

Was müssen wir tun?	Was wollen wir tun?
▸ Haushaltsplan aufstellen ▸ Pfarrfest vorbereiten ▸ Erstkommunion planen ▸ Kirchenrenovierung planen ▸ … ▸ … ▸ … ▸ …	▸ Neue Gottesdienstformen erproben ▸ Passive Gemeindemitglieder ansprechen und aktivieren ▸ Eine Homepage für die Pfarrgemeinde erstellen ▸ Sponsoren für das Jugendheim finden ▸ …

Schritt 2: Zeitliche Einordnung

Machen Sie eine Zeitleiste und ordnen Sie die Themen dort
ein. Dabei ist nicht entscheidend, wann ein zu planendes
Ereignis (z. B. Pfarrfest) stattfindet, sondern wann es Arbeitszeit
in Ihrer Arbeitsgruppe beansprucht wird. Das ist in der Regel
deutlich vor dem eigentlichen Ereignis. Dabei kann ein wichtiges Thema auch in mehreren Sitzungen hintereinander auftauchen.

Ergebnis nach Schritt 2

Wann?	Was?
Januar	▶ Haushaltsplan aufstellen ▶ Neue Gottesdienstformen planen
Februar	▶ Erstkommunion planen
März	▶ Pfarrfest vorbereiten ▶ Erstkommunion planen
April	▶ Pfarrfest vorbereiten
Mai	▶ Pfarrfest vorbereiten
Juni	▶ Passive Gemeindemitglieder ansprechen und aktivieren
Juli	
August	▶ Kirchenrenovierung planen ▶ Eigene Homepage für die Pfarrgemeinde erstellen
September	▶ Kirchenrenovierung planen ▶ Homepage für die Pfarrgemeinde erstellen
Oktober	▶ Kirchenrenovierung planen
November	▶ Sponsoren für das Jugendheim finden
Dezember	

Schritt 3: Zeitbedarf und Zuständigkeiten

Im dritten Schritt ordnen Sie den einzelnen Themen zunächst
voraussichtliche (Arbeits-)Zeiten zu. Wie lange werden Sie für
die einzelnen Themen benötigen? Diese Planungshilfe macht
es Ihnen möglich, genauer vorzubereiten, welche Themen in
einer Sitzung machbar und sinnvoll sind.

Außerdem legen sie bereits in diesem Schritt – so weit wie möglich – Zuständigkeiten und Verantwortungsbereiche für die einzelnen Themen fest. Damit erhöht sich die Wahrscheinlichkeit, dass

die Teilnehmer einer Arbeitsgruppe Ihre eigene Arbeitsbelastung während des Sitzungsjahres so einschätzen, dass die Arbeit nachher auch leistbar ist.

Ergebnis nach Schritt 3

Wann?	Was?	Wie lange?	Verant-wortlich?
Januar	▶ Haushaltsplan aufstellen ▶ Neue Gottesdienstformen planen	1,5 Std. 1 Std.	Herr Müller Frau Weber
Februar	▶ Erstkommunion planen	2 Std.	...
März	▶ Pfarrfest vorbereiten ▶ Erstkommunion planen	1 Std. 1 Std.	... ...
April	▶ Pfarrfest vorbereiten	1 Std.	...
Mai	▶ Pfarrfest vorbereiten	...	...
Juni	▶ Passive Gemeinde- mitglieder ansprechen und aktivieren	...	...
Juli	*Keine Sitzung, evtl. Abstimmung wichtiger Punkte aus dem Tagesgeschäft per E-Mail*		
August	▶ Kirchenrenovierung planen ▶ Eigene Homepage für die Pfarrgemeinde erstellen	... ...	... ...
September	▶ Kirchenrenovierung planen ▶ Eigene Homepage für die Pfarrgemeinde erstellen	... ...	... ...
Oktober	▶ Kirchenrenovierung planen	...	...
November	▶ Sponsoren für das Jugend- heim finden	...	...
Dezember	*Keine Sitzung, evtl. Abstimmung wichtiger Punkte aus dem Tagesgeschäft per E-Mail; evtl. Weihnachtsfeier für die Arbeitsgruppe*		

Schritt 4: Abschluss der Jahresplanung
Im letzten Schritt schließen Sie Ihre Jahresplanung ab. Den einzelnen Monaten werden die entsprechenden Sitzungstermine zugeordnet. An dieser Stelle wird auch deutlich, zu welchen Zeiten Sie keine Sitzungen abhalten müssen, da keine wichtigen Themen zur Bearbeitung anstehen.

Leitsatz: Sie sollen keine Sitzung abhalten, wenn es auch ohne geht!

Noch ein Tipp: Achten Sie darauf, dass Sie in jeder Sitzung wenigstens ein attraktives und wichtiges Thema bearbeiten. Dadurch wird die Motivation der Teilnehmer erhöht, an einer Sitzung teilzunehmen. Dieses Thema sollte dann auch mit ausreichend Zeit und am Anfang der entsprechenden Sitzung bearbeitet werden. Sitzungen ohne inhaltliches Highlight können schnell langweilig werden.

Ergebnis nach Schritt 4

Datum?	Was?	Wie lange?	Verantwortlich?
Januar 12.01.2006	▶ Haushaltsplan aufstellen ▶ Neue Gottesdienstformen planen	1,5 Std. 1 Std.	Herr Müller Frau Weber
Februar 15.02.2006	▶ Erstkommunion planen	2 Std.	...
März 17.03.2006	▶ Pfarrfest vorbereiten ▶ Erstkommunion planen	1 Std. 1 Std.	... ...
April 13.04.2006	▶ Pfarrfest vorbereiten	1 Std.	...
Mai 14.05.2006	▶ Pfarrfest vorbereiten	...	...
Juni 19.06.2006	▶ Passive Gemeindemitglieder ansprechen und aktivieren	...	...
Juli	*Keine Sitzung, evtl. Abstimmung wichtiger Punkte aus dem Tagesgeschäft per E-Mail*		
August 12.08.2006	▶ Kirchenrenovierung planen ▶ Eigene Homepage für die Pfarrgemeinde erstellen	... ...	... ...
September 11.09.2006	▶ Kirchenrenovierung planen ▶ Eigene Homepage für die Pfarrgemeinde erstellen	... ...	... ...
Oktober 16.10.2006	▶ Kirchenrenovierung planen	...	...
November 17.11.2006	▶ Sponsoren für das Jugendheim finden	...	...

Datum?	Was?	Wie lange?	Verant- wortlich?
Dezember	*Keine Sitzung, evtl. Abstimmung wichtiger Punkte aus dem Tagesgeschäft per E-Mail; evtl. Weihnachtsfeier für die Arbeitsgruppe*		

Sie haben am Ende dieses Vorbereitungsprozesses eine klare Struktur in Ihrer Arbeitsgruppe, auf die sich alle verlassen können und an die sich alle gebunden fühlen sollen. Durch eine solche Form der Planung wird es den einzelnen Mitarbeitern ermöglicht, ihre eigene Arbeitsbelastung im Gremium während des Planungszeitraums einschätzen zu können. Damit vermeiden Sie Engpässe. Es kann auch sinnvoll sein, regelmäßige Arbeitszeiten (z. B. immer von 19.00−22.00 Uhr) festzulegen. Damit genießen diese Termine Priorität in der individuellen Zeitplanung der einzelnen Arbeitsgruppenmitglieder.

3.2.2 Erarbeitung einer Vorbereitungsstruktur

Überlegen Sie mit Ihrer Arbeitsgruppe nach der Jahresplanung oder bei einer personellen Veränderung der Gruppe, wie die Sitzungen vorbereitet werden sollen. Macht das ein Einzelner (z. B. der Vorsitzende) oder wird ein Vorbereitungsgremium gebildet, das sich darum kümmert

▶ dass die Einladung verschickt wird
▶ dass die Tagesordnung erstellt wird
▶ dass die Tagungsunterlagen zusammengestellt werden
▶ dass die Referenten eingeladen werden
▶ dass das Drumherum der Sitzung vorbereitet wird
etc.

Ich empfehle Ihnen aus mehreren Gründen statt der Benennung eines einzelnen Zuständigen / Verantwortlichen die Bildung eines Vorbereitungsteams:
▶ Themen können besser vorbereitet werden, wenn mehrere Personen (mit mehreren Meinungen) mitarbeiten
▶ Aufgaben und Verantwortlichkeiten (und davon gibt es eine ganze Menge) können auf mehrere Schultern verteilt werden
▶ Die Vorbereitung im Team ist in der Regel gründlicher, was sich positiv auf die Effektivität in der Sitzung auswirkt

▶ Durch ein Vorbereitungsteam verhindern Sie, dass ein einzelner Zuständiger eine enorme Machtposition erhält, denn bereits in der Vorbereitung werden machtvolle Entscheidungen getroffen

Die einzige Gefahr bei Vorbereitungsteams liegt in der Möglichkeit, dass die eigentliche Arbeit bereits im Vorbereitungsteam gemacht wird, was bedeutet, dass die Arbeitsgruppe von wichtigen inhaltlichen Diskussionen ausgeschlossen wird. Darauf müssen die Mitarbeiter achten, die nicht an der Planung beteiligt sind. Sprechen Sie offen darüber, wenn Sie das Gefühl haben, dass im Vorbereitungsteam bereits (Vor-)Entscheidungen getroffen werden und Sie sich übergangen fühlen.

**Planung und
Organisation
einer
Arbeitssitzung**

3.3 Planung und Organisation einer Arbeitssitzung

Bevor der Verantwortliche einer Arbeitsgruppe oder das Vorbereitungsteam in die Planung und Organisation einer einzelnen Sitzung einsteigen, sollten diese sich eine Frage stellen, die meiner Meinung nach viel zu selten gestellt wird:

> **Leitfrage: Muss diese Sitzung wirklich stattfinden?**

Rechtfertigen es die Menge und die Brisanz der Themen, die Zeit der Arbeitsgruppenteilnehmer zu beanspruchen, oder können Entscheidungen zu anstehenden Fragen auch anders (telefonisch, per E-Mail-Abstimmung) geklärt werden? Hier ist ein Abgleich mit der langfristigen Sitzungsplanung erforderlich und sinnvoll. Haben Sie den Mut Sitzungen mangels inhaltlicher Themen abzusagen. Die Anderen werden es Ihnen danken, von dieser Sitzung verschont zu werden.

Ist dann die Entscheidung gefallen, dass eine Sitzung stattfinden wird, beginnt die eigentliche Planungs- und Organisationsarbeit.

Um zunächst einen Überblick über anstehende Aufgaben und bestehende Bedingungen zu bekommen, ist eine Visualisierung aller für die Arbeitssitzung relevanten Aspekte sinnvoll.

Eine solche Vorbereitung kann folgendermaßen aussehen:

Checkliste für die Vorbereitung einer Arbeitssitzung

Name der Arbeitsgruppe

Datum der Sitzung	Beginn	Ende	Sitzungsort

Einzuladender Personenkreis (mögliche Teilnehmer)

1.	6.
2.	7.
3.	8.
4.	9.
5.	10.

Gäste und Referenten der Arbeitssitzung

1.	2.

Tagesordnung der Sitzung	Information?	Beratung?	Entscheidung?	Dauer?	Verantwortlich?	TOP-Nr.
1.						
2.						
3.						
4.						
5.						
6.						
7.						
8.						

Welche Unterlagen müssen im Vorfeld verschickt werden?

Nr.	Thema	Zu TOP	Verantwortlicher?
1.			
2.			
3.			
4.			

Organisatorische Vorbereitung

Arbeitsmaterial	Getränke, Snacks
Bestuhlung des Raums	Warm-Up's (Besinnung, Spiel, Lied, Tanz)

Fristen

Was?	Bis wann?	Verant-wortlich?	Erledigt?
Einladung			
Tagesordnung			
Protokoll			
...			

3.4   Einladung und Tagesordnung zur Sitzung

Nach der grundlegenden Vorbereitung auf eine Sitzung ist in der
Regel die Erstellung und Verschickung einer Einladung und Tagesordnung der nächste Schritt in der Vorbereitungsarbeit. Die Einladung zu einer Sitzung ist ein vielfach unterschätztes Element
gelingender Gremienarbeit, denn die Einladung hat mehrere
Funktionen:

▶ Sie hat die Aufgabe, die Teilnehmer einer Gremiensitzung
über Zeit, Ort, Thema/Inhalte, Ziele, Zielgruppe, Dauer
und evtl. Kosten der anstehenden Sitzung zu **informieren** und dient so der persönlichen Vorbereitung der Teilnehmer.
Denn: Gut vorbereitete Teilnehmer erleichtern und verkürzen
Gremienarbeit erheblich.

▶ Die Einladung hat außerdem die wichtige Funktion, die Teilnehmer zu **motivieren** überhaupt zu der Sitzung zu kommen. Bereits daran scheitern viele Arbeitsgruppen schon. Aber mit der reinen Anwesenheit ist es nicht getan. Deshalb soll die Einladung die Teilnehmer auch inhaltlich motivieren. Das bedeutet, eine Einladung muss Spannung erzeugen, Spannung auf Inhalte, auf Diskussionen und auf Entscheidungen.

Aus diesen Punkten wird deutlich, dass die Einladung zu einer Sitzung einiger Mühe bedarf, um die gewünschten Funktionen zu erfüllen.

▶ Eine Einladung sollte **schriftlich** erfolgen, das schafft Verbindlichkeit. Es ist gut abzuwägen, ob eine Einladung per E-Mail sinnvoll ist. Der Kostenfaktor spricht dafür, die geringe Beachtung, die E-Mails oft finden, dagegen. Sinnvoll – besonders bei Einladungen per E-Mail – ist eine Rückmeldemöglichkeit (oder gar Rückmeldepflicht) für die Teilnehmer über deren Teilnahme.

▶ Eine Einladung sollte **fristgerecht** zugestellt werden, wenn es im Gremium eine Satzung oder Geschäftsordnung gibt, die solche Fristen verlangt. Ansonsten ist zu bedenken, dass die Teilnehmer zwischen Versand und Sitzung genug Zeit haben müssen, sich vorzubereiten. Bei Versand der Einladung lange vor einem Termin, ist eine kurze schriftliche Erinnerung ein bis zwei Wochen vor der Sitzung sinnvoll.

▶ Eine Einladung sollte die Teilnehmer über evtl. bestehende **Formalia** informieren: Fristen für Anträge, Sitzungsgeld, Fahrtkostenerstattung etc.

▶ Eine Einladung sollte die (vorläufige) **Tagesordnung** darstellen. Weitere Angaben zu den einzelnen Tagesordnungspunkten (TOP) sind sinnvoll (Dauer des TOP, Hinweis auf Unterlagen, Verantwortlichkeit).

▶ Die Einladung sollte weitere **Informationen** zu den einzelnen TOPs enthalten, um eine inhaltliche Vorbereitung der Teilnehmer zu ermöglichen. Diese Unterlagen sollten so aussagekräftig und knapp wie möglich gehalten werden, denn wenn der

Papierstapel zu groß ist, wird er nicht gelesen. Ein Hinweis in der Einladung, dass zu Beginn der Sitzung die Lektüre der beigelegten Unterlagen vorausgesetzt wird und keine Lesepausen geplant sind, schafft auch hier die nötige Verbindlichkeit.

▸ Eine Einladung sollte **ansprechend gestaltet** sein – so dass die Teilnehmer Lust bekommen, an einer gut vorbereiteten und methodisch sinnvoll gestalteten Sitzung teilzunehmen.

Eine gelungene Einladung zu einer Sitzung könnte folgendermaßen aussehen:

Pfarrgemeinderat St. Anna, Annaberg
Peter Mayer, Vorsitzender
Annastraße 12
12345 Annaberg

An
– alle Mitglieder des Pfarrgemeinderates St. Anna
– Herrn Dekan Müller zur Kenntnis

Annaberg, den 17. 04. 2006

Sehr geehrte Damen und Herren,
liebe Kolleginnen und Kollegen,

ich lade Sie zur nächsten Sitzung unseres Pfarrgemeinderates ein, die wir bei unserem letzten Treffen vereinbart hatten für

**Dienstag, den 12. 05. 2006, um 19.30 Uhr
im Pfarrheim St. Anna.**

Die Sitzung wird bis 22.00 Uhr dauern.

Der Vorstand des PGR hat sich in der Vorbereitung der Sitzung auf folgende **Tagesordnung** verständigt:

19.30	TOP 1	Eröffnung und Begrüßung	
		Besprechung der Tagesordnung	
		Wahl eines Moderators	
		Wahl eines Protokollanten	Herr Mayer
19.40	TOP 2	Genehmigung des Protokolls	
		der letzten Sitzung	
		Anlage 1 (Protokoll der Sitzung vom	
		02. 04. 2006 von Herrn Huber)	Herr Mayer

19.50	TOP 3	Jahresplanung 2007 / Festlegung der inhaltlichen und pastoralen Schwerpunkte **Anlage 2 (Vorschlag der Arbeitsgruppe „Gemeindeentwicklung")**	Frau Adler

20.30	TOP 4	Informationen	
		– Bericht des Jugendausschusses	Herr Koch
		– Bericht des Frauenausschusses	Frau Wagner
		– Bericht aus dem Dekanat	Dekan Müller
		– Bericht vom Pfarrfest	Pfarrer Bauer

21.00	kurze Pause		

21.10	TOP 5	Beratung über die Renovierung von Kirche und Gemeindezentrum **Anlage 3 (Vorschlag des Bauausschusses)**	Frau Busch

21.45	TOP 6	Zusammenfassung und Reflexion der Sitzung Absprachen für die nächste Sitzung	Herr Mayer

22.00	Ende der Sitzung und evtl. gemütliches Beisammensein im Bistro Foxtrott		

Fristen für Änderungswünsche und Anträge
Änderungswünsche zur Tagesordnung oder Anträge an den Pfarrgemeinderat sind bis spätestens eine Woche vor der Sitzung, also bis zum 10.05.2006, beim Vorsitzenden schriftlich einzureichen.

Fahrtkostenerstattung und Sitzungsgeld
Wie immer erstatten wir Ihnen die entstehenden Fahrtkosten mit € 0,30 pro Kilometer. Der Betrag wird gemeinsam mit dem Sitzungsgeld in Höhe von € 30,00 nach der Sitzung überwiesen. Bitte reichen Sie zur Sitzung das ausgefüllte Formular F1 beim Vorsitzenden ein.

Ich hoffe, dass Sie alle an dieser Sitzung teilnehmen werden, um an wichtigen Entwicklungen unserer Pfarrgemeinde mitzuarbeiten. Bitte teilen Sie mir unter _peter.mayer@st-anna.de mit, wenn Sie nicht oder nur teilweise an der Sitzung teilnehmen können.

Für Ihr Engagement danke ich Ihnen und verbleibe mit den besten Wünschen für Sie und Ihre Familien.

Ihr Peter Mayer
Vorsitzender des PGR

Neben der Tagesordnung kann bei manchen Gremien ein weiterer Versand von Unterlagen, z. B. später eingereichte Anträge, notwenig werden. Bitte berücksichtigen Sie dies bei Ihrer Planung. Das erspart Ihnen langwierige Lesepausen während der Sitzung, die nötig sind, wenn die Mitarbeiter Unterlagen nicht im Vorfeld bekommen haben.

Und zum Schluss noch ein weiterer wichtiger Grundsatz der Gremienarbeit:

> **Leitsatz: Laden Sie nur die zu einer Sitzung ein, deren Anwesenheit erforderlich ist.**

Es gibt kaum etwas Schlimmeres, als eine Reihe von Leuten in einer Sitzung, die nicht wissen, warum Sie da sind, nur weil sie gedankenlos oder aus Höflichkeit eingeladen wurden.

3.5 Raumgestaltung und Ambiente

Nicht zu unterschätzen für die Effektivität einer Sitzung und die Zufriedenheit der Teilnehmer ist das Ambiente, in dem eine Sitzung stattfindet. Ich beschreibe Ihnen im Folgenden ideale Bedingungen, um in Gremien zu arbeiten. Die äußere Atmosphäre beeinflusst den inhaltlichen Verlauf einer Sitzung nachhaltig. Sie werden eine positive Bestätigung für die Mühen einer liebevollen atmosphärischen Vorbereitung bereits durch ein anerkennendes Murmeln oder ein freundliches Lächeln der Teilnehmer erhalten, wenn diese einen funktionalen und ansprechend gestalteten Sitzungsraum betreten.

3.5.1 Menschen mit Behinderungen

Im Rahmen eines verantwortungsbewussten Umgangs miteinander ist zunächst zu fragen, ob Menschen mit Behinderungen oder besonderen Bedürfnissen an der Sitzung teilnehmen. Sollte dies so sein, haben die Verantwortlichen einer Arbeitsgruppe dafür zu sorgen, dass alle Teilnehmer ohne unzumutbare Einschränkungen oder Belastungen an einer Sitzung teilnehmen können. Hier hilft es ungemein, die Betroffenen nach ihren Bedürfnissen zu fragen. Das geht schneller und besser, als sich lange selbst den Kopf zu zerbrechen.

Ist dieser Punkt geklärt, sollten Verantwortliche einer Arbeitsgruppe vier weitere Punkte beachten:

3.5.2 Platzangebot

Es ist weder zeitgemäß noch sinnvoll, Sitzungen so zu konzipieren, dass die Teilnehmer Platz nehmen und sich bis zum Ende der Sitzung nicht mehr von ihrem Stuhl erheben. Äußere Bewegung fördert die innere Dynamik einer Arbeitssitzung. Kleingruppen, kreative Methoden usw. sind hier die Stichworte. Doch bevor wir uns diesen Methoden zuwenden, ist eine viel grundlegendere Voraussetzung zu schaffen: Wir brauchen Platz. Man geht von einem Platzbedarf von ca. $8\,m^2$ pro Teilnehmer aus, um abwechslungsreich arbeiten zu können. Das bedeutet bei einer Arbeitsgruppe von zehn Teilnehmern einen Platzbedarf von ca. $80\,m^2$. Überprüfen Sie ihre Sitzungspraxis doch einmal auf dieses Kriterium.

Neben der Größe sollte der Sitzungsraum auch den heutigen Anforderungen in Bezug auf Beleuchtung und Belüftung entsprechen, denn in einem dunklen und muffigen Kabuff entstehen selten kreative Ideen.

3.5.3 Sitzordnung

Die Wahl der Sitzordnung hängt stark von den Zielen einer Arbeitssitzung ab und hat eine große Bedeutung für den Verlauf der Sitzung. Eine Grundregel für alle Arten von Arbeitssitzungen lautet

Leitsatz: Alle Teilnehmer müssen sich sehen können.

Damit fällt die klassische „plenare" Sitzordnung in Stuhl- oder Tischreihen vor einem Podium weg. Die Anordnung „Redner/Podium" und „Publikum" signalisiert dem Teilnehmer bereits, dass Diskussionen nicht erwünscht sind. Welche der folgenden Sitzordnungen Sie wählen, hängt von ihrer individuellen Situation ab. Doch wie bei so vielen Aspekten der Gremienarbeit gilt auch hier: Abwechslung macht die Arbeit lebendig.

Es bieten sich folgende sinnvolle Möglichkeiten der Sitzordnung an:

Sitzordnung	Vorteile und Nachteile
Anordnung im Halb-kreis ohne Tische Die Teilnehmer sitzen in einem Halbkreis ohne Tische. Geeignet für Arbeitsgruppen bis 25 Personen.	Diese Anordnung symbolisiert eine Offenheit durch den nicht geschlossenen Kreis. Eine hohe Partizipation wird durch das Fehlen von Tischen erreicht, da sich die Teilnehmer unmittelbar gegenüber sitzen. Nachteilig kann das Fehlen von Tischen bei Arbeitsgruppen mit zahlreichen Unterlagen sein.
Anordnung im Kreis ohne Tische Die Teilnehmer sitzen in einem Kreis ohne Tische. Geeignet für Arbeitsgruppen bis 30 Personen.	Hohe atmosphärische Dichte erreichen Sie mit dieser Anordnung, die der Anordnung „Halbkreis ohne Tische" sehr ähnlich ist – ich empfehle sie Ihnen aber nur dann, wenn Sie keinen Flipchart für Ihre Arbeit benötigen oder wenn kein Referent spricht, der Platz benötigt.
Konferenzanordnung im Block In der Raummitte wird aus mehreren Tischen ein großer Block gestellt, um den die Teilnehmer sitzen. Geeignet für Arbeitsgruppen bis 20 Personen.	Diese Sitzordnung ist sinnvoll, wenn die Teilnehmer während der Sitzung mit vielen Unterlagen hantieren müssen. Der partizipative Aspekt ist durch die Tische etwas geschwächt, durch die „zugewandte" Sitzordnung aber nach wie vor gegeben. Einen Nachteil hat diese Sitzordnung für die Leitung/Moderation einer Arbeitssitzung: Es gibt an einem solchen Block keinen Platz, von dem der Leiter/Moderator alle Teilnehmer gut sehen kann.
Viereckform mit Tischen Die Tische werden zu einem Viereck gestellt (ähnlich einem „o"). Die Teilnehmer sitzen also an einem Quadrat aus Tischen. Geeignet für Arbeitsgruppen bis 40 Personen.	Diese Sitzordnung empfiehlt sich, wenn Sie während der Sitzung Unterlagen bearbeiten, die Gruppe aber für die „Konferenzanordnung im Block" zu groß ist. Außerdem wirkt die Viereckform etwas luftiger als die wuchtige Konferenzanordnung.

3.5.4 Ausstattung des Sitzungsraums

Auch der Ausstattung des Sitzungsraums sollte einige Aufmerksamkeit gewidmet werden. Es zeigt sich immer wieder, dass ein liebevoll gestaltetes Ambiente das Gelingen einer Sitzung erheblich fördert.

Vielen kommt das bekannt vor: kahle Wände, Tische ohne Dekoration, Gerümpel im Raum, dunkle, ungewaschene Vorhänge …

Achten Sie bei der Ausstattung Ihres Sitzungsraums auf eine funktionale Gestaltung, die einladend und gemütlich wirkt (in einem „Wohnzimmer" tagt es sich aufgrund der zahlreichen Ablenkungen auch nicht gut). Einige nette Gestaltungselemente wie frische Blumen in der Mitte des Raums oder Grünpflanzen in den Ecken lohnen sich sehr.

Die Wände fungieren bei Gremienarbeit nicht nur als Schmuckfläche, sondern auch als Arbeitsfläche. Wählen Sie freie Flächen für die Arbeit mit Metaplänen oder Overhead-Projektoren mit Bedacht – alle müssen diese Flächen gut sehen können. Bereiten Sie diese Aspekte bereits vor, damit nicht während der Sitzung eine Umstellaktion beginnen muss.

3.5.5 Pausen und Verpflegung

Organisieren Sie Erfrischungen und kleine Snacks für die Pausen, das erhöht die Arbeitsmoral der Arbeitsgruppe erheblich. Ein Einstieg bei einem Kaffee oder Tee macht den Teilnehmern das Ankommen leichter als ein inhaltlicher Kaltstart.

Sorgen Sie bei längeren Sitzungen dafür, dass ein eigener Raum für die Pausen zur Verfügung steht. Dort ist eine Ausstattung mit Stehtischen perfekt. Die Teilnehmer bewegen sich in den Pausen von langen Sitzungen gerne. Dies vereinfacht auch eine ungezwungene Kontaktaufnahme untereinander. Und in Pausen entstehen bekanntlich oft gute Gespräche, die im Anschluss das inhaltliche Geschehen wieder befruchten. Sorgen Sie also nicht nur für ein schönes Ambiente in den Pausen, sondern auch dafür, dass die Pausen ausreichend lange dauern. Eine Faustregel lautet hier: 50 Minuten Arbeitszeit, 10 Minuten Pause. Der pünktliche Arbeitsbeginn nach Pausen sollte in einer Arbeitsgruppe selbstverständlich sein.

**Pausen und
Verpflegung**

Es ist in unserer Zeit selbstverständlich, dass in Sitzungen nicht mehr geraucht wird. Stellen Sie allerdings für die Raucher einen Raum oder einen Bereich im Garten zur Verfügung, in dem in den Pausen geraucht werden kann. Dazu gehört auch ein Aschenbecher.

Und zuletzt noch ein ganz anderer Tipp: Denken Sie einmal darüber nach, ob sich eine Sitzung oder wenigstens ein Teil einer Sitzung nicht draußen durchführen lässt. Das Arbeiten im Freien beflügelt die Gedanken, das ist besonders bei Themen und Fragestellungen, die kreative Ideen brauchen, hilfreich.

Berücksichtigen Sie die vorgestellten Wege, um eine Sitzung gründlich vorzubereiten, so haben Sie einen ersten wichtigen Schritt zu einer gelungenen Gremienarbeit erfüllt. Jetzt geht es weiter mit dem zweiten Schritt – der inhaltlichen Vorbereitung einer Arbeitssitzung.

Kapitel 4: Durchführung einer Sitzung

Im Folgenden werden die wichtigsten Phasen wie Beginn, Ablauf und Ende einer Arbeitssitzung genauer beleuchtet. Besondere Beachtung finden hierbei die Anforderungen an den Moderator.

Zu Beginn stelle ich zunächst dar, wie ein schematisierter Ablauf einer Arbeitssitzung aussieht. Dieser Ablauf entpflichtet die Verantwortlichen jedoch nicht, jede Sitzung individuell vorzubereiten und zu strukturieren (vgl. 3: Vorbereitung einer Sitzung), enthält aber zahlreiche Elemente, die in einer „runden" Arbeitssitzung nicht fehlen dürfen.

Nach: HARTMANN/RIEGER/LUOMA, 1997

1. Eröffnungsteil der Sitzung

▸ Begrüßung der Teilnehmer, evtl. persönliche Vorstellung der Teilnehmer bei neuer oder veränderter Gruppenkonstellation
▸ Erläuterung des Anlasses und Hintergrunds der Sitzung durch die Sitzungsleitung/Moderation
▸ Kurzdarstellung der Moderationsmethode und der Rolle des Moderators, Wahl eines Moderators, sofern dieser nicht schon in der Vorbereitung bestimmt wurde (was ich empfehle)
▸ Vorstellung des bereits definierten Ziels für die Sitzung oder Erarbeitung eines Ziels. Bei mehreren TOPs können es natürlich auch mehrere Ziele sein
▸ Stimmungen/Einstellungen der Teilnehmer darstellen (z. B. mittels der Methode „Coming-in-Runde", siehe Punkt 6.2.3) und Erwartungen der Teilnehmer an die Sitzung abfragen (z. B. mittels der Methode „Schreibgespräch", siehe Punkt 6.4.3)
▸ Spielregeln für den Umgang miteinander erarbeiten, oder bereits vorhandene Spielregeln in Erinnerung rufen; hier ist es wichtig, die Spielregeln zu visualisieren
▸ Ablauf der Sitzung klären und endgültige Tagesordnung festlegen
▸ Klären, ob alle Teilnehmer bis zum Ende der Sitzung bleiben können, und besprechen, was es für die Arbeit bedeutet, wenn das nicht so ist

2. Hauptteil der Sitzung

▶ Bearbeitung der inhaltlichen Punkte einer Sitzung
in der vorgesehenen Reihenfolge der Tagesordnung

▶ Erarbeiten und Visualisieren des Maßnahmenplans
mit Verteilung der Aufgaben und Zuständigkeiten

3. Abschlussteil der Sitzung

▶ Abarbeiten des TOPs „Sonstiges". Aber Vorsicht: Dieser Tagesordnungspunkt kann es in sich haben. Achten sie darauf,
dass nur Dinge besprochen werden, die besprochen werden
müssen und nicht auch schriftlich verteilt werden können.
Und achten Sie auch darauf, dass nicht in der allgemeinen
Schlusseuphorie einer Sitzung wichtige inhaltliche Punkte
„durchgewunken" werden, die eigentlich ausführlich diskutiert
werden müssten.

▶ Abarbeiten des angelegten Themenspeichers
(siehe Methode „Themenspeicher" unter Punkt 6.3.1)

▶ Abgleich der Erwartungen an die Sitzung und der
Stimmungslage der Teilnehmer im Verhältnis zum Beginn
der Sitzung

▶ Rückmeldung zur erlebten Moderation

▶ Inhaltliche Reflexion der Sitzung

▶ Beenden der Sitzung und Verabschiedung der Gruppe

Exkurs:
Grundregeln
gelingender
Kommunikation
in Arbeits-
gruppen

4.1 Exkurs: Grundregeln gelingender Kommunikation in Arbeitsgruppen

Bevor ich Ihnen einzelne Aspekte der Durchführung einer Gremiensitzung genauer vorstelle, einige grundlegende Gedanken
zur Kommunikation in Arbeitsgruppen:

Friedemann Schulz von Thun hat uns ein Modell der Kommunikation an die Hand gegeben, das es uns wesentlich erleichtert,
kommunikative Vorgänge – auch die in Arbeitsgruppen – besser
zu verstehen: die vier Seiten einer Nachricht.
Nach: SCHULZ VON THUN, 1981 & 1989

Der Grundvorgang der zwischenmenschlichen Kommunikation ist
schnell erklärt:

Exkurs:
Grundregeln
gelingender
Kommunikation
in Arbeits-
gruppen

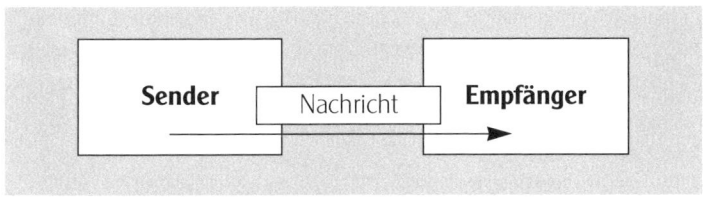

Es gibt einen **Sender**, der anderen etwas mitteilen möchte. Er verschlüsselt sein Anliegen in erkennbare Zeichen – wir nennen das, was er von sich gibt, seine Nachricht. Sie besteht zum einen Teil aus Sprache, zum anderen (großen) Teil aus nonverbaler Kommunikation, das heißt aus Gestik, Mimik, Körpersprache etc.

Es ist die Aufgabe des **Empfängers**, die Nachricht zu entschlüsseln.

In der Regel stimmen gesendete und empfangene Nachrichten so weit überein, dass eine Verständigung stattgefunden hat.

Es ist für die Kommunikation in Arbeitsgruppen bedeutend und sinnvoll, Möglichkeiten zu nutzen und zu prüfen, inwieweit die Verständigung zwischen Sender und Empfänger funktioniert hat, also inwieweit die gesendeten Botschaften mit den empfangenen übereinstimmen.

Dadurch, dass der Empfänger zurückmeldet, wie er die Nachricht entschlüsselt hat, wie sie bei ihm angekommen ist und was sie bei ihm ausgelöst hat, kann der Sender überprüfen, ob das Ziel seiner Nachricht mit dem Resultat beim Empfänger übereinstimmt. Eine solche Rückmeldung heißt **Feedback**. Dazu kommen wir später in diesem Buch (Punkt 5.2).

Was enthält eine Nachricht?
Werfen wir einen genaueren Blick auf eine Nachricht: Jede Nachricht enthält eine ganze Reihe verschiedener Botschaften. Diese Vielschichtigkeit macht menschliche Kommunikation kompliziert und störanfällig, aber auch aufregend und spannend.

Um die Vielfalt der Botschaften, die in einer Nachricht enthalten sind, ordnen zu können, kann man vier bedeutsame Seiten an einer Nachricht unterscheiden.

Exkurs:
Grundregeln
gelingender
Kommunikation
in Arbeits-
gruppen

 Diese vier Seiten werde ich nun an einem Beispiel aus
der Praxis von Gremiensitzungen untersuchen: Ein Sitzungs-
teilnehmer (Herr Maier = Sender) sagt zum Moderator der
Sitzung (Herr Müller = Empfänger) während der Sitzung:
Herr Maier:
„Herr Müller, in diesem Raum ist so schlechte Luft."

Analysieren wir nun diese Nachricht. Was hat der Sender (bewusst
oder unbewusst) hineingesteckt? Was kann der Empfänger ihr ent-
nehmen?

1. Sachinhalt – Information, die der Sender einer Nachricht vermitteln möchte

Zunächst enthält die Nachricht eine Sachinformation. Wir erfahren
etwas über den Zustand des Raumes: Es ist stickig. Viele Menschen gehen davon aus, dass der Sachinhalt das Wesentliche der
zwischenmenschlichen Kommunikation sei – eben eine Sachinformation zu vermitteln. Dann wäre die Sache wohl eher unproble-
matisch. Aber Kommunikation ist bedeutend vielschichtiger ...

2. Selbstoffenbarung – Information, die der Sender einer Nachricht über sich selbst kundtut

In jeder Nachricht stecken auch Informationen über den Sender.
Wir erfahren aus der Beispielnachricht, dass der Sender offenbar
deutsch spricht. Daneben erfahren wir, dass er innerlich wach und
bei der Sache ist, sonst würde er das schlechte Klima im Raum
wohl kaum ansprechen. Diesen Aspekt der Nachricht nennt man
„Ich-Botschaft".

Man kann ganz pauschal sagen, dass in jeder Nachricht ein Stück
Selbstoffenbarung des Senders steckt, wobei damit sowohl bewusste Selbstoffenbarungen wie auch unfreiwillige Selbstenthüllungen
gemeint sind.

Herr Maier offenbart in seiner Nachricht mehrere Dinge über sich
selbst: Vielleicht macht er deutlich, dass er unter den momentanen
Bedingungen nicht gut arbeiten kann. Vielleicht macht er aber
auch deutlich, dass er jemand ist, der für sich und andere Verantwortung übernehmen kann.

Im Laufe meiner eigenen Arbeit in Gremien sind mir zahlreiche Menschen begegnet, die verschiedene (teils merkwürdige) Techniken entwickelt hatten, um die Selbstoffenbarung in der Kommunikation zu beeinflussen. Diese Techniken waren selten dem Ziel der störungsfreien Kommunikation dienlich, im Gegenteil – sie haben die Kommunikation zum Teil erheblich beeinträchtigt und auch dem sendenden Menschen selbst den einen oder anderen inneren Konflikt bereitet.

3. Beziehung – was der Sender in seiner Nachricht über seine Beziehung zum Empfänger mitteilt

Aus der Nachricht, dass die Luft im Arbeitsraum schlecht ist, geht ein weiteres Bündel an Informationen hervor: Der Sender gibt Auskunft darüber, wie er zum Empfänger steht und was er von ihm hält. Manchmal – besonders bei geübten Menschen – werden die Aspekte der Botschaft bewusst eingesetzt, meistens geschieht es jedoch unbewusst.

Oft äußern sich diese Bereiche der Nachricht in bewusst oder unbewusst gewählten Formulierungen, im Tonfall des Senders und in vielen anderen, meist nonverbalen Begleitsignalen, wie z. B. in der Körpersprache.

Für diese Seite der Nachricht – die Beziehungsseite – hat der Empfänger oftmals ein besonders empfindliches Ohr, denn hier wird der Empfänger in seiner Persönlichkeit bewertet oder manchmal auch misshandelt. In unserem Beispiel gibt Herr Maier, der Sender, durch seine Aussage vielleicht zu erkennen, dass er dem Moderator (Herr Müller = Empfänger) nicht zutraut, sich in angemessener Form um die Rahmenbedingungen gelingender Gremienarbeit zu kümmern, wozu auch die Sorge für ein passendes Ambiente gehört.

Möglicherweise wird sich Herr Müller als Empfänger der Nachricht gegen diesen scheinbaren Angriff auf seine Person wehren und antworten: „In der Pause hätte ich sowieso gelüftet." Wichtig in diesem Zusammenhang ist: Die Antwort des Empfängers richtet sich in diesem Fall nicht gegen den Sachinhalt (Herr Müller wird zustimmen, dass die Luft schlecht ist), sondern gegen die empfangene Beziehungsbotschaft, nämlich die Unterstellung der Nachlässigkeit in seiner Rolle als Moderator der Sitzung.

**Exkurs:
Grundregeln
gelingender
Kommunikation
in Arbeits-
gruppen**

Man kann es auch allgemein zusammenfassen: Eine Nachricht zu senden heißt auch immer, gegenüber dem Empfänger Aussagen zum Zustand der Beziehung zu machen.

Der Beziehungsaspekt unterscheidet sich von dem der Selbstoffenbarung erheblich: Beim Entgegennehmen der Selbstoffenbarung ist der Empfänger zunächst unbeteiligt. Der Sender sagt etwas über sich aus. Das Ausgesagte wird den Empfänger nicht automatisch in seiner Person betreffen, er kann es sozusagen „neutral" zur Kenntnis nehmen und seine eigenen Rückschlüsse über den Sender ziehen. Davon unterscheidet sich der Beziehungsaspekt in einer Nachricht erheblich: Der Empfänger einer Nachricht ist beim Empfang des Beziehungsaspekts einer Nachricht selbst „betroffen", und zwar oft im doppelten Sinne.

Im Beziehungsaspekt einer Nachricht sind nämlich zwei Arten von Botschaften vereint: Zum einen enthält die Beziehungsseite der Nachricht Botschaften, aus denen der Sender schließen kann, was der Sender von ihm hält und wie er zu ihm steht. Man nennt diese Art von Botschaft „Du-Botschaft". Zum anderen enthält diese Seite einer Nachricht auch Botschaften darüber, wie der Sender die Beziehung zwischen sich und dem Empfänger definiert. Hier spricht man von „Wir-Botschaften".

Die „Du-Botschaft" in unserem Beispiel könnte aus Sicht des Senders, Herrn Maier, etwa bedeuten: Du bist mit deiner Rolle als Moderator überfordert und brauchst meine Unterstützung. Die „Wir-Botschaft" könnte − wieder aus der Sicht des Senders − sein: Wir haben eine solche Beziehung zueinander, dass ich dir sagen kann und vielleicht auch muss, was du beim Moderieren einer Gremiensitzung tun musst. Ferner gehe ich davon aus, dass du akzeptierst, was ich dir sage.

Oft kommt es vor, dass der Empfänger der „Wir-Botschaft" mit dieser Beziehungsdefinition nicht einverstanden ist, die Aussage des Senders für unpassend oder übergriffig hält. Das ist auch der Grund, warum wir es in der Gremienarbeit erleben, dass in Gesprächen abseits von Inhalten kräftezehrende Kämpfe um die Definition der Beziehung der Gesprächspartner veranstaltet werden. Meistens geschieht das unreflektiert.

4. Appell – was der Sender vom Empfänger möchte

Exkurs:
Grundregeln
gelingender
Kommunikation
in Arbeits-
gruppen

Die wenigsten Aussagen sind einfach nur so dahingesagt.
Fast immer beinhalten sie auch die Intention des Senders,
den Empfänger zu etwas zu veranlassen.

In unserem Beispiel kann es die Absicht von Herrn Maier
sein, Herrn Müller zu veranlassen, die Sitzung zu unterbrechen
und zu lüften. Vielleicht möchte der Sender den Empfänger
auch dazu veranlassen, den Sitzungsraum künftig besser zu
wählen.

Dieser Versuch des Senders, auf den Empfänger Einfluss
zu nehmen, kann mehr oder weniger offen oder versteckt sein –
wenn die Absicht verdeckt ist, sprechen wir von Manipulation.

Ein Sender, der manipulieren will, scheut sich nicht, auch die
anderen drei Seiten der Nachricht in den Dienst der gewünschten
Verhaltensänderung beim Sender zu stellen:

Die Inhalte der Nachricht auf der Sachseite sind dann einseitig
und tendenziös, die Selbstdarstellung des Senders ist darauf
ausgerichtet, beim Empfänger eine bestimmte Wirkung zu
erzielen, z.B. Gefühle der Bewunderung. Die Inhalte der Nachricht
auf der Beziehungsseite sind dann von dem (heimlichen) Ziel
bestimmt, den anderen bei Laune zu halten, etwa durch unter-
würfiges Verhalten oder durch Komplimente.

Wenn Sach-, Selbstoffenbarungs- und Beziehungsseite auf
die Wirkungsverbesserung der Appellseite ausgerichtet
werden, werden sie funktionalisiert, d.h., sie spiegeln nicht
wider, was ist, sondern werden als Mittel zur Zielerreichung
eingesetzt.

Analyse von Nachrichten in Arbeitsgruppen

Um Kommunikation in Arbeitsgruppen sinnvoll zu analysieren
und zu verstehen, ist es also notwendig, mehr als nur die Sachinformation zu berücksichtigen. Das gilt insbesondere dann,
wenn kommunikative Probleme auftauchen – meist geschieht
dies in Form von Konflikten oder Missverständnissen zwischen
Sender und Empfänger.

Exkurs:
Grundregeln
gelingender
Kommunikation
in Arbeits-
gruppen

Abhilfe kann dabei die **Metakommunikation** schaffen. Darunter versteht man den Versuch, gewissermaßen aus einer gewissen Distanz heraus über die Kommunikation und die Botschaften zwischen Menschen zu sprechen. Dabei wird sich in der Regel zeigen, dass nicht die Sachseite problematisch ist, sondern vor allem die anderen drei Seiten mit all ihren kritischen Aspekten. Das hier vorgestellte Schema der vier Seiten einer Nachricht soll dabei ein hilfreiches Muster sein, das man über die Kommunikation legt und anhand dessen man die Schwachstellen erkennen und beseitigen kann.

Es ist also allen Teilnehmern von Sitzungen – besonders den Sitzungsleitern oder Moderatoren – dringend geraten, mit beiden Ohren hinzuhören und so sensibel zu sein für Hintergründe, Emotionen und Befindlichkeiten der Teilnehmer einer Arbeits-sitzung.

Nach diesem Exkurs in die Welt der Kommunikation wird es nun wieder konkret:

4.2   Eröffnung der Sitzung

Ich habe unter Punkt 3.4 bereits beschrieben, dass die Einladung zu einer Arbeitssitzung ein wichtiger Faktor der Motivation ist. Das Gleiche gilt auch für die Eröffnung einer Sitzung. Die Eröff-nung der Sitzung beginnt bereits vor dem eigentlichen Arbeits-beginn mit der Begrüßung der Teilnehmer nach deren Ankunft. Eine freundliche Begrüßung in einer schönen Umgebung (siehe Punkt 3.5: Raumgestaltung und Ambiente), ein Kaffee beim Ankommen – dies alles beeinflusst die spätere Sitzungs-atmosphäre erheblich. Teilnehmer, die das Gefühl bekommen, dass ihre Anwesenheit wichtig ist, gehen motivierter in den Arbeitsprozess als Teilnehmer, die das Gefühl haben, in einer unvorbereiteten, lieblosen Umgebung nicht zur Kenntnis ge-nommen zu werden.

Bei der eigentlichen Eröffnung der Sitzung sind die ersten Sätze von hoher Bedeutung: Schafft es der Sitzungsleiter oder Moderator,

die Teilnehmer individuell zu erreichen? Wirken die ersten Sätze
motivierend? Wenn ja, dann wird die Sitzung mit höherer Wahrscheinlichkeit ein Erfolg als bei einer faden Eröffnung.

Beispiele, wie es nicht ablaufen sollte, kennen die meisten:
*„Meine sehr geehrten Damen und Herren, werter Herr Pfarrer,
liebe Gäste! Ich freue mich, dass Sie heute Abend wieder so
zahlreich in unser Gemeindehaus gekommen sind, um an
dieser Sitzung des Pfarrgemeinderates St. Anna teilzunehmen.
Ich wünsche Ihnen und mir einen erfolgreichen Verlauf der
Sitzung und besonders zu unserem Schwerpunktthema
‚Ökumene in St. Anna' gute und fruchtbare Ergebnisse."*

Mehrere Phrasen und Floskeln werden in die Eröffnung gepresst.
Alles wirkt steif und wenig motivierend. Besser sind individuelle,
motivierende, kurze Sätze:
*„Guten Abend, liebe Pfarrgemeinderäte und Gäste! Dass heute
Abend fast alle gekommen sind, freut mich. Besonders freut es
mich, dass so viele Gäste da sind. Das zeigt mir, dass unser
heutiges Schwerpunktthema „Ökumene in St. Anna" ihr Interesse
trifft. Ich hoffe auf spannende Diskussionen."*

Was soll die Eröffnung der Sitzung erreichen?
▸ Die Teilnehmer sollen sich an die Arbeitsgruppe und
   die Arbeitsatmosphäre gewöhnen
▸ Die Teilnehmer sollen sich auf das Thema einstimmen

**Was sollte der Sitzungsleiter/Moderator im Rahmen
der Eröffnung noch klären?**
▸ Wichtige Personen (Gäste, Referenten) sollten begrüßt wer-
   den, allerdings kurz und knapp, evtl. auch pauschal statt
   einzeln
▸ Der Verlauf und das methodische Vorgehen sollten vorgestellt
   werden
▸ Die Leitung/Moderation der Sitzung sollte vorgestellt und deren
   Rolle geklärt werden
▸ Formalia (Protokoll etc.) sollten geklärt werden
▸ Das Ende der Arbeitssitzung, auf das sich alle verlassen
   können müssen, sollte festgelegt werden.

4.3 Spielregeln der Sitzung

Jede Arbeitsgruppe und jedes Gremium benötigt zu seinem effektiven und effizienten Funktionieren gemeinsame Spielregeln. Der Beginn einer Zusammenarbeit in einer Arbeitsgruppe besteht also im Idealfall aus der Klärung der Rahmenbedingungen und Regeln, unter denen die Teilnehmer zusammenarbeiten möchten. Das Gleiche gilt im Übrigen auch, wenn es zu personellen Veränderungen in einer Arbeitsgruppe kommt.

Nehmen Sie sich für diesen Teil der Arbeit in Gremien ausreichend Zeit, denn sauber geklärte Spielregeln machen zum einen das Arbeiten angenehmer, zum anderen sparen Sie enorm viel Zeit in der weiteren Zusammenarbeit, da das Konfliktpotenzial erheblich reduziert wird. Oft werden in Gremien die Spielregeln nicht offen erarbeitet. Das heißt für die weitere Zusammenarbeit, dass verdeckte Regeln existieren. Die verdeckten Regeln machen die Arbeit unbefriedigend und verhindern, dass das gesamte Potenzial einer Arbeitsgruppe genutzt wird. Entscheidungswege und Machtprozesse bleiben unklar. Es ist die Aufgabe der Leitung eines Gremiums, für eine saubere Klärung der Spielregeln zu sorgen.

Die Erarbeitung der Regeln als Arbeitsgrundlage eines Gremiums sollte partizipativ erfolgen, d. h., alle Teilnehmer eines Gremiums sollen die Gelegenheit bekommen, zu sagen, was ihnen für die Arbeit miteinander wichtig ist und sich aktiv am Abstimmungsprozess zu den Spielregeln beteiligen. An dem so entstehenden Regelkatalog für die Zusammenarbeit sollte so lange gefeilt werden, bis alle Teilnehmer einverstanden sind. Hier ist also eine einstimmige Verständigung anzustreben. Mehrheitsentscheidungen, evtl. sogar über Abstimmungen, sind schwierig, da immer ein Teil der Gruppe zurückbleibt, der offensichtlich andere Vorstellungen von der Zusammenarbeit hat. Im Anschluss an diesen Abstimmungsprozess werden die Spielregeln visualisiert und allen Teilnehmern zugänglich gemacht – und das bei jeder Sitzung. Die Spielregeln werden also zum ständigen Begleiter der Arbeitsgruppe (vgl. 4.4.5: Visualisieren).

Durch ein solches Verfahren ist es allen Teilnehmern – unabhängig von Machtstrukturen oder Dauer der Zugehörigkeit zu einem

Gremium − möglich, in der Arbeit die Regeln einzufordern; und zwar ohne direkt autoritär oder penetrant zu wirken.

Ein Tipp für die praktische Umsetzung
Eine gute Möglichkeit, mit den Teilnehmern einer Arbeitsgruppe Spielregeln zu erarbeiten, besteht aus den im Folgenden genannten fünf Schritten.
Aus Erfahrung benötigt man bei einer Arbeitsgruppe von zehn Teilnehmern ca. zwei Stunden für dieses methodische Vorgehen, wobei die Dauer schlecht planbar ist, da sie von vielen Faktoren abhängt: Wie gut kennen sich die Teilnehmer? Welche Gremienerfahrungen haben sie?

Schritt 1: Bisherige Erfahrungen der Teilnehmer darstellen
Einzelarbeit und anschließender Austausch der Teilnehmer zu folgender Impulsfrage:
Wenn Sie an Ihre bisherigen Erfahrungen in Gremien denken, welche typischen Muster („geheime Spielregeln") haben die Treffen bestimmt?

Über diese Reflexion gelingt es, den Teilnehmern einer Arbeitsgruppe einen inhaltlichen Zugang zum Thema, aufbauend auf bisherigen (vor allem negativen) Erfahrungen zu ermöglichen. Gleichzeitig verdeutlichen Sie mit dieser Methode, dass solche geheimen Regeln in Ihrer Arbeitsgruppe unerwünscht sind.

Schritt 2: Regeln für die Arbeitsgruppe erarbeiten
Erarbeitung folgender Fragestellung zuerst in Einzelarbeit, dann im Plenum:
Welche Regeln und Abläufe sollen die Arbeit in dieser Arbeitsgruppe erleichtern?

Wichtig ist bei diesem Schritt, den Teilnehmern genug Zeit und Raum für Antworten zu lassen. Eine gute Möglichkeit ist, dass jeder zunächst für sich drei wichtige Punkte/Regeln auf Moderationskarten formuliert und diese dann zusammengetragen werden. Auf jeden Fall müssen alle Punkte visualisiert werden. In dieser Phase ist es wichtig, dass nicht sofort über die genannten Punkte diskutiert wird. Es geht vielmehr um eine ausführliche Sammlung aller bestehenden Meinungen, ähnlich wie bei einem Brainstorming.

Schritt 3: Bewertung und Priorisierung der Ergebnisse

In diesem Schritt ermittelt die Gruppe, zu welchen Punkten Einigkeit besteht und welche Punkte die höchste Priorität haben. Als geeignete Methode kommt hier die Abfrage mittels Klebepunkten in Frage. Das heißt, jeder bekommt z. B. drei Klebepunkte und markiert die für ihn wichtigsten Punkte. Durch diesen Schritt entsteht eine sichtbare Priorisierung der Vorschläge für Regeln der Zusammenarbeit.

Schritt 4: Diskussion der genannten und gewichteten Ergebnisse mit dem Ziel der Herstellung eines Konsensus

Alle vorangegangenen Schritte machen eine gründliche Diskussion der erarbeiteten Regelvorschläge nicht überflüssig. Es ist an dieser Stelle wichtig, vor allem die Punkte zu klären, bei denen in Schritt 3 deutlich wurde, dass es wenig Zustimmung aus der Gruppe gibt. Diese Punkte sind dennoch einzelnen Mitarbeitern wichtig. Welche Bedeutung bekommen sie aber für die gesamte Arbeitsgruppe?

Schritt 5: Verbindliche Verständigung in der Arbeitsgruppe auf einen Regelkatalog

Zum Abschluss wird das Ergebnis zusammengefasst und alle Teilnehmer stimmen zu, unter Umständen auch mittels Unterschrift unter den Regelkatalog. Dieser Regelkatalog sollte anschließend verschriftlicht werden und allen Teilnehmern immer zugänglich sein.

Als Orientierung sind in der folgenden Übersicht einige Regeln zusammengestellt, die sich über viele Jahre in meiner Gremienarbeit und der Beratung von Arbeitsgruppen bewährt haben. Diese Vorschläge können allerdings nicht mehr sein als eine Möglichkeit, sich ein Bild vom Themenkomplex „Spielregeln in Gremien" zu machen, denn jede Arbeitsgruppe ist einzigartig und benötigt daher auch individuell erarbeitete und von allen Teilnehmern getragene Spielregeln. Als Richtschnur gilt, dass man weniger darauf achten sollte, eine „Geschäftsordnung" mit Redezeiten und Formalia zu erstellen, als vielmehr auf Regeln des kommunikativen Miteinanders. Dabei können auch sehr ungewöhnliche oder auf den ersten Blick merkwürdige Regeln entstehen, die aber zur Situation der Arbeitsgruppe passen.

Beispiele für Spielregeln, die sich in Arbeitsgruppen bewährt haben:

Jede Meinung ist wichtig.

Fasse dich kurz.

Hör gut zu.

Sprich per „Ich" und nicht per „Man" oder „Wir".

Gib persönliches und konkretes Feedback.

Rechtfertige dich nicht.

Verwende keine Killerphrasen.

Es gibt keine Denkverbote.

Fehler kommen vor, wir lernen daraus.

Ein wichtiger Tipp zum Schluss: Auch wenn sich in einer Arbeitsgruppe keine personellen Veränderungen einstellen, ist es wichtig, die erarbeiteten Spielregeln regelmäßig zu reflektieren und weiterzuentwickeln. Dabei hat sich ein Zeitrahmen von einem Jahr als sinnvoll erwiesen. Mehr zu Regeln der Zusammenarbeit in Arbeitsgruppen lesen Sie auch später in diesem Buch unter Punkt 4.4.3.

4.4 Sitzungsleitung und/oder Moderation

Im folgenden Abschnitt befassen wir uns mit einem wichtigen Bereich der Gremienarbeit: den Menschen, die Arbeitsgruppen leiten oder moderieren.

4.4.1 Rolle der Sitzungsleitung und/oder Moderation

Vorab eine zentrale Feststellung: Es gibt einen gewichtigen Unterschied zwischen einer Sitzungsleitung und einem Moderator.

Zu Beginn der Arbeit in einem Gremium ist die Frage zu klären, ob die Teilnehmer die Arbeit mit einer Sitzungsleitung oder einem Moderator bevorzugen. Dabei ist es wichtig, zuerst folgende Fragen zu beantworten:

▶ Arbeitet die Gruppe ergebnisoffen oder gibt es inhaltliche Vorgaben, die zu erfüllen sind?

▶ Sind kreative Lösungen der gesamten Arbeitsgruppe erwünscht oder geht es um die Umsetzung vorgegebener Ziele?

▶ Welche Rolle spielen hierarchische Strukturen? Kann jeder mit gleichem Gewicht zu den Ergebnissen beitragen?

Aus der Beantwortung dieser Fragen ergibt sich die geeignete Arbeitsform für eine Arbeitsgruppe.

Die wichtigsten Unterschiede der beiden Arbeitsformen
Nach: HARTMANN/RIEGER/LUOMA, 1997

	Sitzungsleitung	Moderator
Macht-position	Der Sitzungsleiter ist in der Hierarchie eines Gremiums der Höhergestellte. Seine inhaltlichen Aussagen wiegen schwerer als die der anderen Teilnehmer.	Der Moderator hat keine inhaltliche Mitsprache im Gremium, seine Verantwortung bezieht sich auf die Strukturierung des Arbeitsprozesses und die Gestaltung des methodischen Vorgehens.
Eigene Ziele in der Arbeit	Der Sitzungsleiter verfolgt eigene inhaltliche Ziele, die er durchzusetzen versucht. Dazu hat er durch seine Machtposition gute Voraussetzungen. Der Sitzungsleiter gibt seine eigenen Ziele in der Arbeitsgruppe deutlich zu erkennen und macht auch kein Geheimnis daraus, was er erreichen möchte.	Der Moderator hat keine eigene inhaltliche Betroffenheit und verfolgt keine eigenen inhaltlichen Ziele in der Arbeitsgruppe. Er stellt seine Arbeitskraft in den Dienst der Gruppe.

	Sitzungsleiter	Moderator
Methodisches Vorgehen	Der Sitzungsleiter verfolgt in erster Linie inhaltliche Ziele. Der Weg zu diesen Zielen, also das methodische Vorgehen, ist für ihn zweitrangig. Der Sitzungsleiter gibt die Regeln der Zusammenarbeit („Spielregeln") vor und wacht über deren Einhaltung.	Da der Moderator keine inhaltlichen Ziele verfolgt, konzentriert er sich ganz auf das methodische Vorgehen (Methoden, Visualisierung, Partizipation der Teilnehmer). Der Moderator erarbeitet mit den Teilnehmern breit getragene Regeln der Zusammenarbeit.
Ziele der Arbeitsgruppe	Der Sitzungsleiter gibt der Arbeitsgruppe konkrete Arbeitsziele vor, an deren Umsetzung er interessiert ist, z. B. ein Abteilungsleiter, der seine Abteilung neu ausrichten möchte.	Der Moderator gibt den Teilnehmern der Arbeitsgruppe Hilfestellung bei der Erarbeitung eigener, breit getragener Arbeitsziele. Er schafft einen Rahmen, in dem sich alle an Zielfindungsprozessen und der Festlegung von inhaltlichen Schwerpunkten beteiligen können.
Umgang mit Störungen oder kritischen Teilnehmern	Der Sitzungsleiter reagiert auf Störungen oder Einwände von kritischen Teilnehmern mit Hilfe seiner hierarchischen Macht. Er tadelt, ruft zur Ordnung oder ermahnt die Teilnehmer, die vorgegebenen Ziele zu verfolgen.	Der Moderator gibt der Gruppe neutral Rückmeldung über seine Wahrnehmungen der Gruppe. Er weist auf störende Entwicklungen hin und bietet methodisches Handwerkszeug, um diesen zu begegnen.

**Rolle der
Sitzungsleitung
und/oder
Moderation**

Empfehlenswert ist in den allermeisten Situationen die Methode der moderierten Arbeitssitzung. Nur in Ausnahmefällen ist die Methode einer Sitzungsleitung zu wählen. In einer moderierten Situation wird das vorhandene Potenzial einer Arbeitsgruppe besser abgerufen. Breit getragene Ergebnisse versprechen eine höhere Identifikation und stärkere Nachhaltigkeit von erzielten Ergebnissen. Gerade im ehrenamtlichen Bereich haben die Mitarbeiter in der Regel wenig Interesse daran, in hierarchischen Strukturen mit vielen Vorgaben durch den Sitzungsleiter zu arbeiten.

Die Moderation in der Arbeitsgruppe sollte rotieren, denn die Rolle des Moderators verbietet dieser Person eine inhaltliche Beteiligung. Bei schwierigen Themen, vorhandenen Konflikten oder bei sehr großen Arbeitsgruppen empfiehlt sich die Hinzuziehung eines externen, evtl. professionellen Moderators.
Aus den beschriebenen Gründen beziehen sich meine weiteren Ausführungen zur Durchführung von Arbeitssitzungen auf das Modell einer Arbeitssitzung mit Moderation.

Eine moderierte Arbeitssitzung ruht auf zwei Pfeilern:

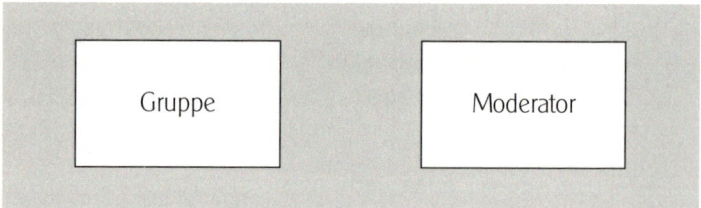

Gruppe   Moderator

Die moderierte Arbeitssitzung hat mehrere Vorteile gegenüber der geleiteten Sitzung:

1. Die in einer Arbeitsgruppe vorhandenen Fähigkeiten aller Teilnehmer werden bestmöglich genutzt (Ressourcenorientierung).

2. Alle Teilnehmer können sich in maximaler Weise an einer Sitzung beteiligen (Partizipation).

3. In einer moderierten Sitzung entsteht eine Atmosphäre, in der eine gleichberechtigte Zusammenarbeit aller Teilnehmer unabhängig von deren Position möglich ist (Demokratie).

4. Entsprechend der Grundlagen der themenzentrierten Interaktion (TZI) werden Störungen und Konfliktsituationen
während der Arbeitsprozesse vorrangig bearbeitet und ver-
sachlicht, um die volle inhaltliche Leistungsfähigkeit der
Gruppe zu erhalten oder wiederherzustellen.

Rolle der Sitzungsleitung und/oder Moderation

5. Arbeitsergebnisse einer moderierten Sitzung finden bei den
Teilnehmern hohe Akzeptanz, da alle gleichberechtigt an
ihnen mitgearbeitet haben. Dadurch steigt ihre Realisierungs-
und Umsetzungschance nach Beendigung des Arbeitsprozesses.

Allerdings hängt das Gelingen einer moderierten Arbeitssitzung
wesentlich davon ab, wie der Moderator seine Rolle ausfüllt und
ob es ihm durch seine Haltung und sein methodisches Vorgehen
tatsächlich gelingt, die Stärken der Methode zur Entfaltung zu
bringen.

4.4.2 Die Person des Moderators

Die Person des Moderators

Welche persönlichen Voraussetzungen muss ein Moderator
mitbringen, um seiner Aufgabe gerecht zu werden?

Zwei wesentliche Grundsätze sind wichtig:
Nach: HARTMANN/RIEGER/LUOMA, 1997

1. Inhaltliche Unparteilichkeit

Der Moderator darf nicht persönlich in die Inhalte der Sitzung ver-
wickelt sein. Diese Unparteilichkeit bringt der Moderator durch eine
größtmögliche inhaltliche Transparenz zum Ausdruck. So haben
alle Teilnehmer einer Sitzung stets die Sicherheit, über alle Schritte
des Arbeitsprozesses informiert zu sein und von einem Moderator
betreut zu werden, der keinerlei eigene Interessen in dieser Arbeitssitzung verfolgt – weder offen, noch subtil. Dies ist der wichtigste
Grund für ein rotierendes Moderationssystem in Arbeitsgruppen.

2. Personenbezogene Neutralität

Die Haltung des Moderators ist geprägt von Wertschätzung gegenüber den Teilnehmern. Das wird zum einen deutlich in einer
Atmosphäre, in der sich die Teilnehmer gerne aufhalten und gerne
arbeiten, zum anderen in der Haltung des Moderators, der seine

**Die Person
des Moderators**

Neutralität gegenüber den Teilnehmern durch offene Fragen und aktives Zuhören zeigt. In einer moderierten Arbeitsbesprechung ist es möglich, Meinungen und Positionen zu vertreten, die von der Meinung der Mehrheit der Gruppe abweichen.

Neben diesen beiden Grundsätzen eines objektiven und neutralen Moderators kommen diesem weitere am Arbeitsprozess orientierte Aufgaben zu:

▶ Der Moderator hat die Aufgabe, dafür zu sorgen, dass der gesamte Arbeitsprozess strukturiert verläuft. Er verantwortet den sinnvollen und zielgerichteten Methodeneinsatz.

▶ Der Moderator behält während des gesamten Arbeitsprozesses die zu Beginn vereinbarten (Arbeits-)Ziele im Auge und weist die Gruppe immer darauf hin, wenn er wahrnimmt, dass die Ziele aus dem Blick geraten.

▶ Der Moderator erarbeitet mit der Arbeitsgruppe Regeln zur guten Zusammenarbeit und ruft diese während des Arbeitsprozesses immer wieder in Erinnerung. Bei Bedarf bietet der Moderator der Gruppe weitere unterstützende Regeln oder Methoden an, um störungsfreies Arbeiten zu ermöglichen. Er achtet auf störungsfreie Kommunikation.

▶ Der Moderator behält die Beziehungsebene der Teilnehmer im Auge, denn nur auf tragfähigen Beziehungen lassen sich stabile Arbeitsprozesse aufbauen. Wenn der Moderator Störungen auf der Beziehungsebene wahrnimmt, benennt er seine Eindrücke und bietet Werkzeuge zum Umgang damit an.

▶ Der Moderator gibt der Gruppe in regelmäßigen Abständen durch Wiederholungen, Fragen und Zusammenfassungen eine Rückmeldung über den Stand des Arbeitsprozesses und stellt so sicher, dass alle Teilnehmer inhaltlich auf dem gleichen Stand sind.

**Exkurs:
Kommunikation
in Gremien**

4.4.3 Exkurs: Kommunikation in Gremien

Grundlagen gelingender Kommunikation in Gruppen – das Modell der themenzentrierten Interaktion (TZI) nach Ruth Cohn.
Nach: LANGMAACK, 1996

Das Modell der themenzentrierten Interaktion nach Ruth Cohn beschreibt die Kommunikation und die Vorgänge in einer Arbeitsgruppe. Auch wenn es sich bei der TZI um ein theoretisches Modell handelt, so vermittelt dieses Modell doch ein sehr praktisches Wissen über die konkrete Gremienarbeit.

Die drei Ebenen der Arbeit in Gruppen

Ruth Cohn stellte fest, dass Gespräche und Interaktionen in Gruppen immer auf drei verschiedenen Ebenen stattfinden:

Auf der Sach-Ebene	**Auf der Ich-Ebene**	**Auf der Wir-Ebene**

Je nach Arbeitssituation findet der zwischenmenschliche Austausch in einer Gruppe von Menschen stärker oder weniger stark auf den verschiedenen Ebenen statt.

Die Sach-Ebene

In der Gremienarbeit geht es immer darum, eine Aufgabe zu lösen, ein Thema zu bearbeiten oder eine Fragestellung zu erörtern. Diese inhaltlichen Aufgaben spielen sich auf der Sach-Ebene ab. Für die meisten ist die Sach-Ebene die wichtigste, denn dafür gibt es schließlich eine Arbeitsgruppe.

Zur Sach-Ebene gehören:
▶ alle inhaltlichen Fragen bezüglich der Arbeitsaufgabe
▶ alle Informationen über das zu lösende Problem
▶ alle inhaltlichen Verständnisprobleme
▶ alle unterschiedlichen Auffassungen zur Durchführung von Maßnahmen
▶ alle inhaltlichen Ideen und Vorschläge

Die Ich-Ebene

Neben der Sachaufgabe, die für alle Mitarbeiter gleich ist (vielleicht auch nicht, aber dann hat die Arbeitsgruppe ein Problem), kommt jedes einzelne Mitglied immer auch mit seiner eigenen Persönlichkeit, seinen Stimmungen oder Vorerfahrungen in die Arbeitsgruppe. Z. B. erscheint ein Mitglied der Gruppe gut gelaunt zur Gremiensitzung und reißt alle anderen mit oder ein anderer kommt frustriert zum Treffen und beeinflusst so die Gesamtstimmung der Gruppe. Ein Dritter kommt wutschnaubend in die Gruppe und lässt seine Aggressionen an den anderen aus. Wichtig ist zu erkennen, dass bestimmte Verhaltensweisen und Themen von einzelnen Personen mitgebracht werden. Sie können die Gremienarbeit stark beeinflussen und müssen vorrangig bearbeitet werden. Diese Ebene ist vor allem denen nicht bewusst, für die allein der Sachaspekt einer Gremienarbeit bedeutungsvoll ist. Hier ist es die Aufgabe des Moderators, ein entsprechendes Problembewusstsein zu schaffen.

Die Wir-Ebene

Da in einer Arbeitsgruppe verschiedene Personen zusammenarbeiten müssen oder wollen, entsteht immer auch ein „Wir". Das Gremium ist eine Form von Gemeinschaft, unabhängig davon, ob sich die einzelnen Mitglieder nahe stehen und sich mögen oder nicht. Die Spannungen und Stimmungen, die aus der Gruppe heraus entstehen (abhängig davon, wer dort zusammensitzt) sind ein Thema auf der Wir-Ebene. Hier entstehen Konflikte oder auch Sympathien, die die Arbeit an den gemeinsamen inhaltlichen Themen beeinflussen können. Werden solche Prozesse erkannt und transparent gemacht, können sie bearbeitet werden. Hier ist wieder der Moderator gefragt. Bleiben diese Vorgänge verdeckt und unbearbeitet, können sie die konkrete Arbeit wesentlich beeinflussen. Auch diese Ebene ist vielen Menschen nicht bewusst, aber dennoch ständig vorhanden.

Machen Sie sich alle drei Ebenen bewusst!

Es ist sehr hilfreich, sich darüber im Klaren zu sein, dass in jeder Gruppe diese verschiedenen Ebenen vorhanden sind. Wenn eigentlich ein Sachthema (z. B. die Arbeitsaufgabe) besprochen werden soll, aber jemand in einem Konflikt mit einem anderen steht, beeinflusst dies den Arbeitsprozess. Diese zwei Personen können in der Regel nicht sachlich miteinander reden, werden so die Effektivität der Arbeit beeinträchtigen und nicht an der gemeinsamen Problemlösung mitarbeiten. Genauso kann es sein, dass einzelne Mitarbeiter ihre persönlichen Probleme mit in die Gruppe bringen und so die Atmosphäre beeinflussen. Wenn eine Arbeitsgruppe das Kommunikationsmodell der themenzentrierten Interaktion berücksichtigt, sind bestimmte Reaktionen oder Äußerungen besser einzuordnen.

Klarheit ist wichtig!

Sehr wichtig ist es, in Arbeitsgruppen zu erkennen, wann ein persönliches Problem in die Wir-Ebene gezogen, oder wann ein Wir-Problem auf der Sachebene ausgetragen wird. Es kann z. B. schnell passieren, dass jemand einen Vorschlag eines anderen Mitarbeiters nur deshalb ablehnt, weil er sich vor zwei Tagen von dieser Person unfair behandelt gefühlt hat. Genauso kann es sein, dass jemand einen Streit mit anderen Mitarbeitern beginnt, um persönliche Anspannungen abzubauen. Solche Vorgänge sind uns nicht bewusst und können die gemeinsame Arbeit auf der Sachebene erheblich beeinträchtigen. Das Modell der TZI kann Gremien dabei helfen, sich dieser Prozesse schneller bewusst zu werden, indem sich alle in der Gruppe immer wieder fragen, auf welcher Ebene sich eine Äußerung scheinbar und tatsächlich einordnen lässt.

Ziel jeder Gremienarbeit sollte die Integration aller Ebenen sein!

Für eine effektive Arbeit im Gremium müssen alle Ebenen ausgeglichen sein. Es darf kein Übergewicht auf einer der drei Ebenen entstehen, weil sonst der Erfolg der Gruppe leidet. Ein Übergewicht auf der Sach-Ebene geht zu Lasten der individuellen Bedürfnisse und des Gemeinschaftsgefühls. Ein Übergewicht auf der Ich- oder auf der Wir-Ebene kann dazu führen, dass die eigentliche Arbeit vernachlässigt wird. Genau wegen dieser Gefahr wird bei uns in der Regel großer Wert darauf gelegt, ausschließlich auf der Sach-Ebene zu agieren, um das Arbeitsziel nicht aus den Augen zu verlieren. Aber ein solches Vorgehen rächt sich, denn unter ungeklärten Spannungen innerhalb der Arbeitsgruppe oder unausgesprochenen persönlichen Problemen leidet die Sacharbeit. Angestaute Frustrationen oder Schwierigkeiten abzuarbeiten dauert viel länger, als ihnen kontinuierlich Raum zu geben. Hier ist – wie so oft – der Moderator gefragt.

TZI heißt nicht, sich ständig mit sich selbst und der Gruppe zu beschäftigen!

Eines ist wichtig: Ein Vorgehen nach der TZI bedeutet nicht, dass ständig nur Ich- und Wir-Probleme gewälzt werden. Probleme und Konflikte kommen dann zur Sprache, wenn (oder im Idealfall bevor) sie den Prozess stören. Nimmt das überhand, ist das Gleichgewicht ebenfalls gestört, da dann die Sach-Ebene zu kurz kommt.

In einer Arbeitsgruppe sollten zwischenmenschliche Vorgänge und persönliche Probleme zwar beachtet und bearbeitet werden – über sie darf aber nicht das Sachziel aus den Augen verloren werden. Letztlich ist das Sachziel, also die Arbeitsaufgabe, das eigentlich Wesentliche der Gremienarbeit.

Regeln der themenzentrierten Interaktion

Ruth Cohn hat in ihrem Werk eine Reihe von Regeln erarbeitet, die in jeder Arbeitsgruppe zu einer effektiveren und für alle Beteiligten angenehmeren Arbeitsweise führen können. Dabei geht es aber nicht darum, alle Regeln einfach zu übernehmen, sondern in der Gruppe zu entscheiden, welche Regeln Sinn für die Beteiligten machen und welche nicht. Gegebenenfalls können die Regeln auch verändert und angepasst werden. Diese Regeln können gut in einen Prozess der Erarbeitung von Spielregeln integriert werden.

In der Ich-Form sprechen

Vertreten Sie sich selbst in Ihren Aussagen: Sprechen Sie in der Ich-Form statt in der Wir- oder Man-Form.
Vielfach verstecken wir uns hinter Formulierungen wie „Man sollte das so und so machen ..." oder „Jeder denkt das und das ...".
Es ist für viele Menschen viel schwerer, zu der eigenen Aussage oder Meinung zu stehen, wenn es darum geht, sie als persönliche Meinung zu kennzeichnen. Es geht bei dieser Regel darum, dass der Sprechende die volle Verantwortung für das Gesagte übernehmen soll und sich nicht hinter der Allgemeinheit oder der Gruppe verstecken kann. Diese Regel kann übrigens auch für alle Arten von Gesprächen hilfreich sein.

Die Motivation und den Hintergrund von eigenen Fragen transparent machen

Wenn Sie eine Frage stellen, erklären Sie den anderen, warum Sie fragen. Sagen Sie in Fragen etwas über sich selbst aus statt den anderen zu interviewen.
Grundsätzlich gilt nach Ruth Cohn: Sage etwas über dich aus, anstatt Fragen zu stellen. Diese Regel entstand aus der Erkenntnis, dass es „echte" und „unechte" Fragen gibt. Während echte Fragen Ausdruck eines Informationsbedürfnisses sind, werden unechte Fragen z. B. für Machtspiele eingesetzt. Nach Ruth Cohn ist es wesentlich, dass die Menschen immer etwas von sich selbst in den

Arbeitsprozess einbringen. Indem jedes Mitglied der Arbeitsgruppe aufgefordert ist die Motivation einer Frage deutlich zu machen, wird schnell klar, um welche Art von Frage es sich handelt. Eines noch zum Thema Fragen: Fragen können ein sehr effektives Mittel sein, um einen Prozess voranzutreiben. Solche Fragen werden tatsächlich meist von Personen gestellt, die tendenziell eine Führungsrolle übernehmen. Akzeptieren alle Mitglieder der Arbeitsgruppe diese Rolle, ist ein solches Vorgehen vor allem in Phasen des Zeitdrucks durchaus angemessen. Ansonsten ist das Fragen eine der zentralen Aufgaben des Moderators.

Bewusstsein über die eigenen Aussagen und Befindlichkeiten haben

Seien Sie echt (authentisch) und wählerisch (selektiv) in Ihrer Kommunikation. Machen Sie sich bewusst, was Sie gerade denken und fühlen, und wählen Sie dann genau, was Sie sagen.

Um ein faires und vertrauensvolles Miteinander in der Arbeitsgruppe zu erreichen, ist eine gewisse Filterung der eigenen Aussagen notwendig. Es kann nicht jeder immer sofort alles sagen, was ihm gerade in den Kopf kommt. Je eingespielter die Gruppe im Laufe der Zeit ist, desto mehr kann gesagt werden, weil die anderen die Äußerungen besser einschätzen können. Dennoch ist es wichtig, die eigenen Beiträge verantwortungsvoll auf das jeweilige Ziel der Gremienarbeit hin zu überprüfen – ohne sich jedoch selbst zu verleugnen.

Nicht interpretieren

Halten Sie sich mit Interpretationen von Aussagen und Handlungen zurück. Sprechen Sie stattdessen Ihre persönlichen Reaktionen auf Gesagtes oder Getanes aus.

Manche Menschen neigen dazu, die Redebeiträge anderer Personen zu interpretieren. So sagt jemand z.B. „Einige aus dieser Arbeitsgruppe denken, dass ..." oder „Herr Müller will eigentlich das und das sagen". Meist haben Interpretationsversuche vor allem etwas mit dem Sprechenden selbst zu tun und führen oft zu Abwehrreaktionen desjenigen, der die Ursprungsaussage gemacht hat. Kaum jemand wird gerne interpretiert – und damit möglicherweise falsch gedeutet. Solche Vorgänge verlangsamen den Arbeitsprozess. Statt zu erklären, was andere gesagt oder gedacht haben, ist es angemessener, für sich selbst zu sprechen. Die einfache Grundregel lautet deshalb: Jeder spricht für sich selbst! Wenn ich nicht sicher bin, was der andere gesagt und gemeint hat, kann ich nachfragen.

Vermeiden Sie Verallgemeinerungen

Beziehen Sie Ihre Aussagen auf konkrete Situationen, Aussagen oder Handlungen, statt sich pauschal über einen Menschen zu äußern.

„*Immer* kommen Sie zu spät." – „Sie lassen mich *nie* ausreden." Solche Verallgemeinerungen unterbrechen den Gruppenprozess (Wir-Ebene). Sie werden häufig im Rahmen von kritischen Anmerkungen oder Vorwürfen geäußert und führen oft zu Abwehrreaktionen oder Gegenangriffen. Verallgemeinerungen sind nur dann sinnvoll, wenn innerhalb einer Diskussion die Sachebene gewechselt werden soll, wenn z. B. ein Unterthema erschöpfend diskutiert wurde und nun wieder eine Sachebene höher in den Blick genommen werden soll. Ansonsten sollte jeder seine Äußerungen auf die jeweils aktuelle Situation hin formulieren, z. B. „Es stört mich, dass sie heute zu spät gekommen sind."

Persönliche Eindrücke müssen als solche gekennzeichnet werden

Wenn Sie etwas über das Sagen oder Handeln eines anderen Mitglieds der Arbeitsgruppe aussagen, erklären Sie, was es für Sie bedeutet, dass derjenige so ist, wie er ist.

Auch hier ist – wie bei Regel Nr. 2 – ein offener Dialog das Ziel. Wenn jedes Mitglied der Arbeitsgruppe seine Äußerungen als persönliche Meinung kennzeichnet, können die Aussagen nicht auf eine allgemeingültige Ebene gehoben werden, sondern es kann direkt zwischen den beiden Personen besprochen werden. Feedback ist schließlich aus unserer persönlichen Sicht entstanden und kann z. B. durch unsere Tagesform oder unsere Vorerfahrungen geprägt sein.

Störungen haben Vorrang

Seitengespräche haben Vorrang. Sie stören und sind meist wichtig. Sie würden nicht geschehen, wenn sie nicht wichtig wären. Machen Sie Störungen und Seitengespräche zum Thema der gesamten Arbeitsgruppe.

Diese Regel ist vielleicht die bekannteste der TZI. Sie ist aber auch umstritten. In dieser Regel geht es um Störungen, wie z. B. ein Nebengespräch zwischen zwei Mitgliedern einer Arbeitsgruppe. Ein solches Seitengespräch stört die Gruppe. Es kann ein Hinweis darauf sein, dass die Personen oder ein Thema nicht genug Raum in der Gruppe finden. Die Betroffenen können gefragt werden, ob das Ganze in der Gruppe besprochen werden soll. Dies aber sollte nur als ein Angebot, nicht als ein Zwang formuliert sein.

Die Frage bei dieser Regel ist aber, inwieweit wirklich allen Störungen – Nebengesprächen oder anderen Ereignissen – immer Vorrang gegeben werden soll. Ich habe bereits darauf hingewiesen, dass das Ziel der Gremienarbeit das Lösen der Arbeitsaufgabe ist. Wird Störungen eine zu große Aufmerksamkeit gegeben, kann das auf Dauer zu Frustrationen im Gremium führen, z. B. dann, wenn sich einzelne Personen so immer in den Vordergrund drängen, oder durch Störungen, die Arbeitsprozesse dauerhaft beeinträchtigen. Diese Regel sollte also mit Bedacht angewendet werden.

Es redet immer nur einer
Sprechen Sie nur, wenn kein anderer spricht.
Oft reden gerade in wichtigen Phasen der Gremienarbeit – z. B. dann, wenn wichtige Entscheidungen anstehen – alle durcheinander. Es ist aber oft wichtig, dass jeder jedem zuhört, und vor allem, dass alle einander verstehen oder zumindest zu verstehen versuchen. Nur so ist eine Verständigung möglich und nur so können Entscheidungen getroffen werden, in denen sich alle Beteiligten wiederfinden. Damit die Äußerungen aller Gruppenmitglieder von allen verstanden werden, ist es notwendig, nacheinander zu sprechen. Niemand kann mehreren Personen gleichzeitig aufmerksam zuhören. Auch nonverbale Äußerungen wie Gesten oder starke Mimik können so ablenkend sein, dass die Akteure darauf verzichten sollten, während jemand anderes spricht. Diese Regel mag dem geübten Gremienarbeiter banal erscheinen, aber meine Erfahrungen zeigen immer wieder, dass gerade die Einhaltung dieser Regel in Gremien große Schwierigkeiten verursacht.

Bei Überschneidungen von Redebeiträgen kurze Sammlung der Stichpunkte
Wenn in einer Arbeitsgruppe mehrere Personen gleichzeitig sprechen wollen, verständigen Sie sich kurz, wer über was zu sprechen beabsichtigt.

In den Situationen, in denen sich mehrere Personen äußern möchten, sollte jeder zunächst nur kurz zusammenfassen, was er sagen
will – worum es geht. So kann die Gruppe entscheiden, welche
Punkte in welcher Reihenfolge geäußert werden. Diese Stichpunkte
können auch für alle sichtbar an einer Tafel oder auf einem Flipchart notiert werden. Wichtig ist, dass auch die Ruhigeren zu Wort
kommen und nicht immer nur die dominanten Personen. Wenn
alle, die etwas sagen wollen, hintereinander kurz ihren Punkt
formulieren, kommt jeder zu Wort. Entscheidend ist hier, dass alle
diszipliniert tatsächlich nur Stichworte äußern und nicht gleich
die „Chance" nutzen, um ihren gesamten Beitrag zu leisten. Diese
Regel ist in einer Arbeitsgruppe hinfällig, wenn sich die Gruppe
auf die Form einer Rednerliste verständigt hat.

Zusammenfassung der Regeln
Diese neun Regeln geben Ihnen wichtige Hinweise, worauf bei
einer effektiven Gremienarbeit geachtet werden sollte. Nehmen
Sie Ruth Cohns Ideen als Anlass, einmal zu überlegen, welche
Regeln in Ihrem Gremium Sinn machen könnten.
Die Zusammenarbeit in Gruppen lässt sich durch das Wissen
über die TZI erheblich verbessern. Dabei müssen nicht alle Regeln
wörtlich übernommen werden. Sie können aber die Grundlage
für einen anderen, besseren Umgang der einzelnen Mitglieder der
Arbeitsgruppe untereinander bilden. Wie lässt sich die TZI nun
in der Praxis anwenden?

Der erste Schritt in die Praxis:
Die Arbeitsgruppe lernt das Modell gemeinsam kennen
Bevor ein Gremium auch nur eine Regel des TZI-Modells anwen-
den kann, sollten sich alle Mitglieder gemeinsam das Wissen
über Ruth Cohns Ideen aneignen. Nur wenn alle Mitarbeiter das
Modell der verschiedenen Interaktions-Ebenen (Sach-, Ich- und
Wir-Ebene) kennen gelernt und verstanden haben und sich auch
darin wiederfinden, ist es möglich, die TZI zur Arbeitsgrundlage
der Gremienarbeit zu machen.
Ein Mitglied der Arbeitsgruppe kann die Methode vorstellen.
Anschließend können alle gemeinsam darüber diskutieren und
nach dieser Diskussion sollten alle Mitglieder der Gruppe wissen,
was die TZI beinhaltet. Das Gremium sollte sich darüber einigen,
ob eine Arbeit nach diesem Modell und mit den entsprechenden

Regeln sinnvoll erscheint. Dabei ist es durchaus möglich, einzelne Regeln auszuwählen, Regeln abzuändern und andere aufzunehmen. Eine gute Alternative ist eine Fortbildung zur TZI für einzelne Mitglieder oder die ganze Arbeitsgruppe.

Das Problem von Theorie und Praxis

Wenn sich nun alle Mitglieder der Arbeitsgruppe auf die Regeln verständigt haben, geht es darum, diese tatsächlich in der Praxis anzuwenden. In der praktischen Gremienarbeit ist dies häufig schwierig und es kann eine Zeit dauern, bis die Regeln „wie von selbst" funktionieren. Oft vergessen Arbeitsgruppen ihr Wissen in dem Moment, in dem eine Diskussion an eine kritische Stelle kommt. Und selbst wenn vielleicht ein Mitarbeiter erkennt, dass ein persönliches Problem eines anderen Mitglieds der Arbeitsgruppe die Arbeit negativ beeinflusst oder dass es unausgesprochene Differenzen zwischen zwei Mitgliedern gibt, ist es leider oft nicht möglich, diese Wahrnehmung einfach anzusprechen und so eine Klärung herbeizuführen. Selten erlaubt es die Gruppe einem Einzelnen, sich so aus der Gruppe herauszuheben. Hier kommt der gesamten Arbeitsgruppe die Aufgabe zu, die dauerhafte Anwendung der TZI in der Gremienarbeit durchzusetzen. Meine Erfahrung zeigt aber deutlich, dass es sich lohnt.

Ein Moderator ist hier besonders wichtig für die Arbeitsgruppe

In der Regel ist es sehr hilfreich, wenn eine Person in der Arbeitsgruppe die Moderatorenrolle in Bezug auf die Grundsätze der TZI übernimmt. Wird nach der TZI gearbeitet, ist der Moderator − zusätzlich zu den bereits vorgestellten Aufgaben − auch verantwortlich dafür, immer wieder das Gleichgewicht der drei Ebenen herzustellen.

Wer wird Moderator?

Es bietet sich an, zu Beginn der Umsetzung der TZI als Moderator eine Person von außen zu nehmen. Aber aus organisatorischen oder Kostengründen ist es nicht immer möglich, einen professionellen Moderator für solche Aufgaben einzusetzen. Dennoch muss nicht darauf verzichtet werden, denn es kann auch eine Person aus der Arbeitsgruppe die Rolle des Moderators übernehmen. Die Moderatorenrolle kann abwechselnd von jedem Mitarbeiter eingenommen werden. Sollte eine Person diese Funktion besonders gut ausfüllen, kann die Moderatorenrolle dieser Person auch dauerhaft übertragen werden − sofern alle Gruppenmitglieder damit einverstanden sind.

Die Begrifflichkeiten der TZI für die Klärung verwenden

Praktisch an einem Modell wie der TZI ist, dass damit allen Beteiligten gemeinsame Begriffe zur Verfügung stehen, mit denen sie sich relativ emotionslos verständigen können. Wenn es z. B. einmal überhaupt nicht weitergeht, kann einer in die Runde fragen: „Sagt einmal, auf welcher Ebene befinden wir uns eigentlich?" Und alle wissen, was gemeint ist. Auch wenn jemand mit schlechter Laune zur Sitzung kommt und dort seine Wut an anderen auslässt, kann man diese Person behutsam darauf hinweisen, dass er oder sie wohl etwas aus dem persönlichen Bereich mit in die Gremienarbeit gebracht hat. Dann könnte man fragen, ob diese Person kurz erzählen möchte, was sie beschäftigt. Natürlich ist das Modell der TZI kein Garant für einen konstruktiven Umgang miteinander, aber es stellt einfache Werkzeuge dafür zur Verfügung.

Wichtig: die Regeln für alle sichtbar aufschreiben

Wenn sich ein Gremium dazu entscheidet, die Zusammenarbeit nach der TZI oder nach einigen Regeln daraus weiterzuführen, dann sollten die festgelegten Regeln für alle deutlich lesbar visualisiert sein. Dafür bietet sich ein großes Plakat an, das im Arbeitsraum aufgehängt wird. Während der eigentlichen Arbeit werden solche Regeln schnell vergessen. Wenn aber alle Mitarbeiter jederzeit auf die Regeln schauen können, erinnern sie sich eher an deren Einhaltung. Auch für den Moderator ist es so einfacher, denn ein kurzer Hinweis auf die Regel an der Wand erspart viele Worte. Vergleichen Sie bitte zum Thema „Spielregeln in Arbeitsgruppen" auch Kapitel 4.3.

Checktermine im Laufe der Zeit einführen

Es ist sehr nützlich, in regelmäßigen Abständen die Qualität der Zusammenarbeit zu überprüfen. So könnte z. B. zu Beginn alle vier Wochen eine Stunde dafür reserviert werden, dass sich alle in der Arbeitsgruppe darüber austauschen können, ob die neuen Regeln eingehalten werden und ob das Modell der TZI für die Gruppe hilfreich ist. Dabei ist es wesentlich, die Zielsetzung im Auge zu haben. Sollte z. B. die Kommunikation verbessert werden, so kann sich die Arbeitsgruppe fragen: „Haben uns die neuen Regeln in Hinblick auf unsere Arbeitsziele weitergebracht?" So kann die Arbeit konsequent verbessert werden. Diese Termine dienen der Selbstreflexion des Gremiums und können auch Schwierigkeiten deutlich machen, bevor sich Konflikte verhärten. Allerdings dürfen solche Termine nicht für gegenseitige Anschuldigungen missbraucht werden. Ziel ist es immer, einen konstruktiven Austausch aller Beteiligten und eine Verständigung zu ermöglichen.

Exkurs: Kommunikation in Gremien

4.4.4 Strukturieren und zusammenfassen

Eine wichtige Aufgabe des Moderators in einer Arbeitssitzung ist das Strukturieren von Diskussionen und Arbeitsprozessen. Davon hängt die Effizienz einer Arbeitssitzung wesentlich ab.

Strukturieren und Zusammen- fassen

Durch regelmäßige Zusammenfassungen – mindestens nach jedem TOP, bei Bedarf auch öfter – wird sichergestellt, dass alle Teilnehmer inhaltlich auf dem gleichen Stand sind und die erarbeiteten Ergebnisse von allen in gleicher Weise verstanden wurden. So wird vermieden, dass Missverständnisse entstehen (vgl. 4.1: Exkurs: Grundregeln gelingender Kommunikation in Sitzungen).

Außerdem können über Zusammenfassungen auch Teilnehmer, die zeitweise „abgeschaltet" hatten (und das sind oft nicht wenige), wieder an die Diskussion herangeführt werden.

Ziel einer Zusammenfassung ist es nicht, alle Statements wiederzugeben, sondern wesentliche Aspekte des Diskussionsverlaufs herauszustellen:

▶ Punkte, die von mehreren Teilnehmern angesprochen wurden
▶ Stellungnahmen, die kontrovers sind
▶ Punkte, auf die der Moderator besonderen Wert legt

Dennoch ist eine Zusammenfassung keine objektive Inhaltsangabe, sondern eine subjektive Zusammenfassung des Moderators. Sie sollte daher als solche verstanden und angekündigt werden, denn

▶ durch die Wortwahl und das besondere Hervorheben einzelner Punkte, ist eine Neutralität nicht (immer) möglich
▶ durch den Zeitpunkt der Zusammenfassung greift der Moderator in die Diskussion ein und nimmt evtl. dadurch inhaltlichen Einfluss.

Hier wird deutlich, dass Zusammenfassungen ein machtvolles Steuerungsinstrument sind, das verantwortungsbewusst und behutsam eingesetzt werden muss.

Strukturieren und Zusammen- fassen

Gleichzeitig ist eine Zusammenfassung auch oft ein Übergang von einem Diskussionspunkt zum nächsten.

Grundsätzlich empfehle ich Ihnen die 80:20-Regel: Das bedeutet, dass die Diskussion und die anschließende Zusammenfassung durch den Moderator maximal in einem Zeitverhältnis von 80:20 stehen sollten – wenn es geht, fassen Sie sich als Moderator kürzer.

Abschließend einige Hinweise für den Einsatz von Zusammen- fassungen

▶ Halten Sie Ihre Zusammenfassungen so knapp wie möglich
▶ Machen Sie deutlich, dass es sich bei Ihren Zusammen- fassungen um persönliche Wahrnehmungen handelt und nicht um eine objektive Wiedergabe von Diskussionen
▶ Schlagen Sie am Ende der Zusammenfassung der Arbeits- gruppe das weitere Vorgehen vor; das können Sie zum Beispiel machen, indem Sie Ihre Zusammenfassung mit einer Frage enden lassen („So weit meine Sicht zu diesem Punkt. Gibt es Ihrerseits noch Fragen?")
▶ Besteht im Anschluss an eine Zusammenfassung zusätz- licher Diskussionsbedarf, legen Sie gemeinsam mit den Teilnehmern der Sitzung das weitere Vorgehen (Methodik, Zeitrahmen etc.) fest, um zu verhindern, dass die gleiche Diskussion, wie vor der Zusammenfassung, im Anschluss erneut geführt wird.

Visualisieren

4.4.5 Visualisieren

Wozu soll das, was bereits mündlich zusammengefasst wurde, noch schriftlich fixiert werden?

Es mag sein, dass die mündliche Zusammenfassung für den Mo- ment ausreicht, doch im weiteren Verlauf der Diskussion (auch anderer Themen) ist die Visualisierung unerlässlich, um eine effek- tive und gleichzeitige Arbeitsweise zu ermöglichen. Der Mensch verfügt über fünf Wahrnehmungskanäle, doch meistens wird in der Gremienarbeit nur ein Kanal angesprochen: das Ohr.

Es ist aus mehreren Gründen sinnvoll, in der Gremienarbeit mit Visualisierungen zu arbeiten.
Nach: SCHNELLE–CÖLLN/SCHNELLE, 1998

▶ Visualisierungen erhöhen die Gleichzeitigkeit der Diskussionen: alle Teilnehmer sind auf dem gleichen Stand und konzentrieren sich auf den gleichen Punkt.

▶ Visualisierungen ermöglichen (oder erzwingen) eine Unterscheidung zwischen wesentlichen Aspekten einer Diskussion und Nebensächlichem.

▶ Visualisierungen machen präzise und knappe Formulierungen nötig und zwingen die Teilnehmer auch so zur Konzentration auf das Wesentliche.

▶ Visualisierungen machen die vereinfachte Darstellung von schwierigen Sachverhalten möglich und verkürzen dadurch langwierige Erklärungen.

▶ Visualisierungen ermöglichen die Darstellung von mehreren – auch kontroversen – Aspekten einer Diskussion und sind daher eine gute Entscheidungsvorbereitung.

▶ Visualisierungen erhöhen die Identifikation der Teilnehmer mit den Ergebnissen einer Gremienarbeit, da alle „ihr" Ergebnis sehen.

▶ Visualisierungen erleichtern die Anfertigung von Protokollen.

▶ Visualisierungen erleichtern es dem Moderator, Prozesse zu strukturieren, da er sich auf Zwischenergebnisse beziehen kann.

Was kann/soll alles visualisiert werden?
▶ Arbeitsziele in der Gruppe
▶ Spielregeln in der Gruppe
▶ offene Fragen in der Gruppe (vgl. 6.3.1: Themenspeicher)
▶ verschiedene – evtl. kontroverse – Vorschläge einzelner Teilnehmer zu einem Thema
▶ Meinungen und Ideen der Teilnehmer einer Arbeitsgruppe zu einer Frage
▶ Maßnahmenpläne

Womit wird visualisiert?
Es ist empfehlenswert, für die Visualisierung während einer Gremienarbeit mit Pinnwand und Moderationskarten zu arbeiten, da diese die Darstellung und vor allem auch Veränderung vorläufiger Gedanken ermöglichen. Ein so gestaltetes Schaubild kann wachsen, sich verändern oder auch wieder verkleinern. Ebenfalls denkbar ist der Einsatz eines Overheadprojektors in Verbindung mit Folien.

Die Grundausstattung zum Visualisieren in Gremiensitzungen (am besten ein Moderationskoffer) sollte folgende Dinge in ausreichender Anzahl beinhalten:

▶ **Pinnwand** oder **Metaplanwand** (manchmal auch mehrere) – alternativ kann man auch eine weiße Wand nehmen

▶ **Packpapier** – zum Bekleben der Pinnwand

▶ **Moderationskarten** – sie sind das unerlässliche Werkzeug für viele Methoden in Arbeitsgruppen; in der Regel haben Moderationskarten eine elliptische Form

▶ **Schmuckkarten** – runde Karten, ovale Karten, rechteckige Karten, Wolken etc. – für Überschriften, Ergebnisse – eben alles, was wichtig ist

▶ **Filzstifte** – zum Beschriften der Karten und Metaplanwände

▶ **Nadeln** oder **Klebestift** zum Befestigen von Moderationskarten auf den Metaplanwänden

Grundsätzlich ist zum Moderationsmaterial (Moderationskarten, Stifte etc.) zu sagen, dass es nicht nötig ist dieses im Fachhandel zu kaufen. Vieles kann man selbst herstellen (z. B. Karten in verschiedenen Farben und Formen), ansonsten tun es oft auch die wesentlich günstigeren Produkte aus dem Discounter (z. B. Koffer aus dem Baumarkt). Besonders abzuraten ist von bereits vollständig ausgestatteten Moderationskoffern, die vom Fachhandel angeboten werden. Oftmals ist der Inhalt nur einen Bruchteil dessen wert, was der gesamte Koffer kostet. Ich habe mir schon vor langer Zeit einen eigenen, individuellen Moderationskoffer zusammengestellt, der genau meinen Bedürfnissen entspricht und sich über die Jahre auch weiterentwickelt hat.

Die wichtigsten Grundregeln der Visualisierung
Nach: SCHNELL–CÖLLN/SCHNELLE, 1998

▶ **Eine einheitliche Darstellungsweise**
Damit die Teilnehmer einer Arbeitsgruppe die Visualisierungen sofort verstehen, sollten in einer Arbeitssitzung alle Visualisierungen in Bezug auf Farben und Formen gleich aufgebaut sein (z. B. alle Überschriften schwarz, alle Pro-Argumente auf blaue Karten, Contra-Argumente auf rote Karten etc.).

▸ **Eine prägnante Überschrift**

Gerade bei vielen Visualisierungen in einer Sitzung ist es
wichtig, den Überblick zu behalten. Außerdem ist es unbedingt
nötig, dass alle Visualisierungen eine prägnante Überschrift
bekommen. Dafür bietet sich eine besondere Form der Moderationskarte (z. B. eine Wolke) an.

▸ **Der Einsatz von verschiedenen Farben und Formen**

Für das Auge haben Farben eine starke Signalwirkung. Es empfiehlt sich daher der bewusste Umgang mit Farben, da beispielsweise der Einsatz gleicher Farben oder Formen einen inhaltlichen Zusammenhang suggeriert (z. B. alle Pro-Argumente auf
eckige Karten, alle Contra-Argumente auf runde Karten).

▸ **Eine gute Lesbarkeit**

Alle Teilnehmer – auch die in der letzten Reihe – müssen die
Visualisierungen ohne Schwierigkeiten erkennen können. Jede
Anstrengung lenkt die Gruppe vom eigentlichen Arbeitsprozess ab.

▸ **Eine gute Übersicht**

Eine übersichtliche Darstellung auf Flipchart und Metaplan ist
unbedingt notwenig. Visualisierungen haben das Ziel, auch
komplizierte Sachverhalte in einfacher und übersichtlicher Form
darzustellen. Werden die Visualisierungen unübersichtlich oder
unstrukturiert, verliert das menschliche Auge schnell den Überblick und die Visualisierung wird ad absurdum geführt.

▸ **Die Betonung des Wichtigen**

Verlieren Sie sich bei Ihren Visualisierungen nicht in vielen
Details. Es geht um eine Darstellung des Wesentlichen, der
wichtigsten Argumente, der kontroversen Positionen oder
interessantesten Ideen.

▸ **Eine liebevolle Gestaltung**

Es ist nicht notwendig, eine optisch perfekte oder gar künstle-
risch hochwertige Visualisierung eines Sachverhalts zu erstellen.
Dennoch sollten Sie auf eine ansprechende Gestaltung achten.
Denn ein mit Sorgfalt gestalteter Flipchart ist eine Anerkennung
der erarbeiteten Ergebnisse, die darauf dargestellt werden. Hin-
gekritzelte Ideen auf verknicktem Papier lösen bei den Teilnehmern eher Abneigung aus.

4.4.6   Führen einer Rednerliste

Kennen Sie das? In einer Sitzung melden sich einige Teilnehmer
und werden daraufhin auf die Rednerliste gesetzt. Manchmal lohnt

es sich nicht zu warten, bis man aufgerufen wird. Man merkt das daran, dass viele Redebeiträge mit Worten beginnen wie „Also zum Redebeitrag von Herrn Schmidt von vor fünf Minuten möchte ich sagen ..."

Die Frage, ob eine Rednerliste geführt werden soll oder nicht, ist eine Gratwanderung zwischen **Beherrschung** einer Arbeitsgruppe und **Belebung** des Arbeitsprozesses.

Da es bei Gratwanderungen bekanntlich ein hohes Risiko des Stolperns gibt, lohnt es sich, genau zu überlegen, ob das Führen einer Rednerliste für Ihre Arbeitsgruppe sinnvoll ist.

Der Vorteil einer Rednerliste liegt auf der Hand: Durch das stringente Abarbeiten dieser Liste wird ein formal korrekter Ablauf der Sitzung gewährleistet. Zusätzlich wird der Moderator der Sitzung insofern entlastet, als er sich nicht von Teilnehmern angreifen lassen kann, bei der Worterteilung unfair entschieden zu haben. Oft entstehen in Sitzungen Vorwürfe wie: „Sie haben mich übersehen", „Ich hatte mich vor Ihnen gemeldet" oder „Wieso ist Herr Müller denn schon wieder dran?". Gerade für unerfahrene Moderatoren und bei konfliktträchtigen Arbeitsgruppen verhindert eine Rednerliste viele Auseinandersetzungen.

Auf der anderen Seite erlebt man eine Rednerliste auch oft als Bremse der Dynamik einer lebhaften und spontanen Diskussion. Bei einer geübten Arbeitsgruppe und einem sicheren Moderator kann sich der Verzicht auf eine Rednerliste durch schnellere und bessere Arbeitsergebnisse auszahlen.

Eine Rednerliste wird in ihrer klassischen Form streng nach Wortmeldung geführt, also unabhängig von inhaltlichen Diskussionsverläufen. Zwischen dieser starren Form der Rednerliste und dem völligen Verzicht auf eine solche gibt es aber auch Mittelwege:

1. Gegenrede zulassen
Bei dieser Form der Rednerliste ist es möglich, auf einen bestimmten Redebeitrag unabhängig von der Rednerliste in Form einer Gegenrede zu reagieren. Das Risiko bei dieser Regel besteht darin, dass bei ständigem Einsatz dieser Regel die Rednerliste faktisch außer Kraft gesetzt wird.

Herr Schmidt ↓	
Frau Müller ▼	Frau Meier
	▶(Gegenrede zu Frau Müller)
Frau Walter ↓	◀
Herr Petersen ▼	
Frau Waldmann ▼	

2. Nachfrage zulassen

Ähnlich des zuvor beschriebenen Modells ist es hier gestattet, Nachfragen auf einen bestimmten Beitrag auch außerhalb der Rednerliste zuzulassen. Dadurch werden Diskussionen konkreter und Missverständnisse vermieden. Die Risiken bei diesem Modell sind – wie oben – die Gefahr einer Außerkraftsetzung der Rednerliste bei zu häufigem Gebrauch oder aber der Missbrauch des Rechts nachzufragen für eigene inhaltliche Stellungnahmen.

Herr Schmidt ↓	
Frau Müller ▼	Frau Meier (Nachfrage zum
	▶ Beitrag von Frau Müller)
Frau Walter ↓	◀
Herr Petersen ▼	
Frau Waldmann ▼	

3. Fächer zulassen

Bei dieser am weitesten gehenden Öffnung der Rednerliste wird den Teilnehmern der Arbeitsgruppe die Möglichkeit gegeben, auf einzelne Beiträge inhaltlich zu reagieren, auch wenn sie nicht auf der Rednerliste stehen. Erst wenn ein Thema abgearbeitet ist, tritt die Rednerliste wieder in Kraft.

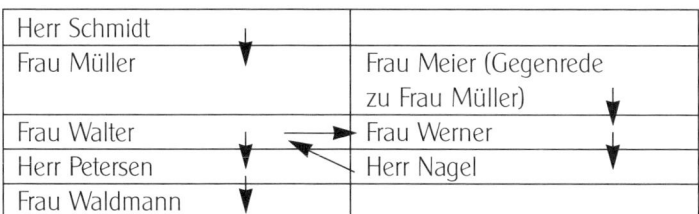

Der Vorteil dieses Vorgehens ist die Möglichkeit, eine Diskussion inhaltlich zu strukturieren, nicht formal. Dadurch sind in geübten

Arbeitsgruppen schwungvolle Diskussionen ohne Unterbrechung von Beiträgen möglich, die zu einem anderen Thema gehören. Das Problem hierbei ist die Tatsache, dass die Rednerliste für einen nicht vorhersehbaren Zeitraum außer Kraft gesetzt wird, daher kann dieses Vorgehen leicht undurchsichtig werden und für Konflikte sorgen.

Noch ein anderer Tipp: Redefluss im Reißverschluss

Es lohnt sich, in Arbeitsgruppen genau hinzuschauen, wie die Redebeiträge zwischen den Geschlechtern verteilt sind. Manchmal ist es der Fall, dass in einer Arbeitsgruppe ein Geschlecht (oft sind es die Männer) – was die Quantität der Redebeiträge angeht – deutlich dominiert. Für diesen Fall kann ich Ihnen die Anwendung der Methode „Redefluss im Reißverschluss" empfehlen. Hierbei werden zwei nach Geschlechtern getrennte Rednerlisten geführt, die abwechselnd bedient werden.

In der Praxis sieht das dann so aus:

Reihenfolge der Wortmeldung:	Reihenfolge der Wortbeiträge:
1. Herr Müller	1. Herr Müller
2. Herr Schmidt	2. Frau Petersen
3. Frau Petersen	3. Herr Schmidt
4. Herr Friedrichs	4. Frau Felke
5. Frau Felke	5. Herr Friedrichs
6. Frau Meier	6. Frau Meier

Sollte einmal die Rednerliste des einen Geschlechts „leer" sein, wird die des anderen Geschlechts so lange weiterbedient, bis es wieder Meldungen auf der „leeren" Liste gibt.

Vorteil dieser Methode ist die Möglichkeit, über ein formales Instrument Einfluss auf die Geschlechtergerechtigkeit in einer Sitzung zu nehmen. Sollte eine Liste immer wieder „leer" sein, d. h., sollten z. B. die Frauen regelmäßig weniger Wortbeiträge leisten, wird dies in der Arbeitsgruppe transparent gemacht.

Nachteil ist eindeutig, dass über diese Methode die inhaltliche Reihenfolge der Wortmeldung einer formalen Reihenfolge untergeordnet wird und dass dies zu Ungleichzeitigkeiten in der Diskussion führen kann.

4.4.7 Geschäftsordnung (GO)

Nach: CLAUSEN, 2002

In manchen Gremien oder Arbeitsgruppen bildet eine Geschäftsordnung die Grundlage für die Zusammenarbeit der Teilnehmer.
Die Geschäftsordnung ist ein sehr formales Instrument und wird
daher von vielen kritisch gesehen. Dennoch kommen bestimmte
Gremien — z.B. große Konferenzen — nicht ohne eine Geschäftsordnung aus.

Eine GO regelt alle Dinge einer Arbeitsgruppe, die außerhalb der
„Sache" (das meint außerhalb der inhaltlichen Diskussionen) liegen.
Es besteht also kein direkter Zusammenhang zwischen den Inhalten einer Sitzung und der GO. Dennoch hat sie erheblichen Einfluss auf den Verlauf einer Arbeitssitzung. Damit wird die GO
zum strategischen Instrument der Sitzungsführung und ist vor
allem für diejenigen gefährlich, die sich mit ihr nicht auskennen.
Aus diesem Grund empfiehlt sich die Beschäftigung mit der GO,
wenn Sie in einem Gremium arbeiten, dessen Arbeitsgrundlage
eine solche ist.

Ich stelle im Folgenden die gängigen Instrumente einer GO vor.
Da in unterschiedlichen Gremien die GOs sehr verschieden sein
können, sind die folgenden Erläuterungen kein Ersatz für die
intensive Befassung mit der jeweiligen GO des Gremiums, in dem
man mitarbeitet, sondern lediglich die Darstellung der wichtigsten
Elemente, die sich in den meisten GOs wiederfinden.

Was ist ein Antrag zur Geschäftsordnung?
Ein Antrag zur GO wird in der Regel durch das Heben beider
Arme eingebracht.

Ein Antrag zur GO hat das Ziel, Einfluss auf die Arbeitsweise des
Gremiums zu nehmen. Das Besondere an Anträgen zur GO ist
die Tatsache, dass diese immer vorrangig bearbeitet werden, das
heißt unanhängig von der bestehenden Rednerliste. Ihre Wirkung
tritt — sollte der Antrag angenommen werden — sofort in Kraft.

Welche Anträge zur Geschäftsordnung gibt es?
Im Folgenden werden die gängigsten Anträge zur GO vorgestellt,
die in vielen GOs vorkommen:

Antrag auf Aussetzung des Tagesordnungspunktes

Dieser GO-Antrag wird z. B. genutzt, wenn interne Beratungen eines Teils des Gremiums oder das Einholen von weiteren Informationen zu einem Thema gewünscht werden. Der Tagesordnungspunkt, auf den sich der GO-Antrag bezieht, wird zu einem (genau zu bestimmenden) späteren Zeitpunkt fortgesetzt.

Antrag auf Unterbrechung der Sitzung

Wenn man das Gefühl hat, dass eine Pause nötig ist, oder wenn man eine Mauschelpause mit Kollegen braucht, empfiehlt es sich, diesen Antrag zur GO zu stellen. Die Dauer der Unterbrechung wird genau festgelegt.

Antrag auf Übergang zur Tagesordnung

Schweifen Diskussionen in einer Gremiensitzung stark von der vereinbarten Tagesordnung ab, so bietet dieser GO-Antrag die Möglichkeit, zu fordern, wieder zur Tagesordnung überzugehen. Dies ist ein Kontrollinstrument der Moderation, da es sich auf eine Kernaufgabe von Moderatoren bezieht.

Antrag auf Schluss der Debatte und sofortige Abstimmung

Hat man das Gefühl, dass sich eine Diskussion zu einem Antrag oder einer wichtigen Frage im Kreis dreht und keine neuen Argumente mehr zu erwarten sind, ist dieser Antrag der richtige, um die Diskussion zu beenden. Alle noch auf der Rednerliste stehenden Wortmeldungen werden nicht mehr berücksichtigt, es wird unverzüglich abgestimmt.

Antrag auf Redezeitbegrenzung von (...) Minuten pro Redner

Ein sinnvolles Instrument bei den allen bekannten Vielrednern in einer Arbeitsgruppe ist die Redezeitbegrenzung. Es ist dann Aufgabe der Moderation einen solchen Beschluss umzusetzen. Dabei sollte in der Entscheidung über diesen Antrag zur GO auch entschieden werden, wie lange ein Redner sprechen darf, z. B. zwei Minuten.

Darüber hinaus gibt es in vielen Gremien weitere Möglichkeiten, Anträge zur GO zu stellen, da GOs sehr unterschiedlich gestaltet sind. Informieren Sie sich über die GO „Ihres" Gremiums, bevor Sie ihre Arbeit beginnen. Lassen Sie sich die GO schrift-

lich geben, um Missverständnisse zu vermeiden. Wenn Sie sich
unsicher fühlen, fordern Sie eine Einführung in die GO Ihres
Gremiums, z. B. durch erfahrene Mitglieder Ihres Gremiums.

Wie kann man auf Anträge zur Geschäftsordnung reagieren?
Das wichtigste vorab: durch die Gegenrede. Sind Sie mit einem
Antrag zur GO, den jemand stellt, nicht einverstanden, müssen
Sie Gegenrede erheben. Das heißt, Sie melden sich und erklären,
warum Sie den gestellten Antrag nicht für sinnvoll erachten.
Dann wird über den Antrag mit einfacher Mehrheit abgestimmt.

*Wird keine Gegenrede erhoben, gilt der Antrag zu GO als ange-
nommen.*

**Es gibt also folgende Möglichkeiten, mit einem Antrag zur GO
umzugehen:**
Jemand stellt einen Antrag zur GO durch Heben beider Arme.
→ Der aktuelle Redner darf seinen Beitrag noch beenden.
→ Die Moderation ruft den Antrag zu GO auf.
→ Der Antrag zur GO wird vom Antragssteller mündlich gestellt
  und ggf. begründet.

Variante 1: Es wird keine Gegenrede erhoben.
→ Der Antrag zur GO ist angenommen und tritt sofort in Kraft.

Variante 2: Es wird Gegenrede erhoben.
Über den Antrag zur GO wird abgestimmt.
Die Abstimmung ergibt entweder:
→ Der Antrag zur GO ist angenommen und tritt sofort in Kraft
oder:
→ Der Antrag zur GO ist abgelehnt und die Sitzung wird un-
  verändert fortgesetzt. Die bestehende Rednerliste wird weiter-
  geführt.

Ein wichtiger Tipp: Seien Sie auf der Hut vor „alten Hasen", die sehr
versiert mit der GO umgehen können. Deren wichtigste „Tricks":
▶ Überrumpelungstaktik: Der Antrag zur GO wird in der Regel
  sehr unvermittelt gestellt. Oftmals wird darauf spekuliert,
  dass niemand schnell genug reagiert und Gegenrede erhebt.
  Damit tritt der Antrag zur GO in Kraft.

▶ Missbrauch der GO: Manche versuchen, die Rednerliste zu umgehen und „verstecken" in der Begründung von Anträgen zur GO inhaltliche Stellungnahmen. Das ist verboten. Sie sollten in einem solchen Fall die Moderation darum bitten, dieses unlautere Vorgehen zu unterbinden und dem Antragsteller das Wort zu entziehen.

4.4.8 Protokollführung

Protokolle sind durch zwei wesentliche Merkmale gekennzeichnet:

1. Protokolle gehören zu den unbeliebten Aspekten der Gremienarbeit, niemand schreibt gerne ein Protokoll. Vielleicht kennen Sie die Situation in Ihrer Gremienarbeit, dass bereits das Suchen eines Protokollführers viel Zeit in Anspruch nimmt und somit einen wenig motivierenden Einstieg in die Arbeit darstellt.
2. Protokolle sind für effektive Gremienarbeit unverzichtbar. Gute Protokolle sparen in der Zukunft Zeit, machen ermüdende Diskussion über das, was beschlossen wurde oder nicht, überflüssig und sorgen für die nötige Transparenz und Nachhaltigkeit der Arbeit.

Protokolle sind wichtig

▶ Personen, die nicht an der Sitzung teilgenommen haben, werden durch das Protokoll informiert.
▶ Beschlossene Ergebnisse müssen gesichert werden, um eine reibungslose Weiterarbeit zu ermöglichen.
▶ Aufgaben, Verantwortlichkeiten, Zuständigkeiten und Zeitpläne müssen festgehalten und transparent gemacht werden. So wird die Umsetzung von beschlossenen Maßnahmen und Aktionen sichergestellt.
▶ Gründe für getroffene Entscheidungen müssen nachvollziehbar gemacht werden. Das sorgt für die nötige Transparenz der Arbeit eines Gremiums. Dieser Punkt ist besonders wichtig, wenn Protokolle auch über das Gremium hinaus veröffentlicht werden.
▶ Der Verlauf von Projekten muss rekonstruierbar sein. So kann ein Gremium beispielsweise die Reflexion eines Projektes anhand der Protokolle angehen oder Schwachstellen der Projekt-

arbeit identifizieren und vermeiden, dass ähnliche Fehler in der Zukunft wieder auftreten.

Deshalb gilt als wichtigster Leitsatz zu diesem Thema:

Leitsatz: Jede Sitzung muss protokolliert werden.

Die Protokollführung sollte gerecht unter den Teilnehmern einer Arbeitsgruppe verteilt werden, zum Beispiel alphabetisch. Eine Ausnahme bieten Gremien, die einen festen Schriftführer haben. Davon ist allerdings eher abzuraten, weil dieser dann dauerhaft kaum an inhaltlichen Diskussionen teilnehmen kann, da ihn die Protokollführung stark in Anspruch nimmt.

Schauen wir auf das „Wie" des Protokolls. Einige Grundsätze der Protokollführung sollten beachtet werden. Die wichtigsten Stichworte, die in jedem Protokoll enthalten sein müssen, sind:

Formalia   Name des Gremiums, Datum, Ort und Dauer der Sitzung, Name des Protokollführers.

Wer   Wer hat an der Sitzung teilgenommen und somit an der Erarbeitung der Ergebnisse mitgewirkt? Wer hat gefehlt (möglicherweise unterteilt nach „entschuldigt" und „unentschuldigt")?

Was   Welche Themen wurden bearbeitet? Welche Ergebnisse wurden erzielt? Welche Konsequenzen ergeben sich für die Weiterarbeit? Welche Maßnahmenpläne wurden vereinbart?

Man unterscheidet grundsätzlich zwei verschiedene Formen von Protokollen:

1. Ergebnisprotokoll
Die Ergebnisse werden zusammengefasst dargestellt. Meinungen und Redebeiträge Einzelner werden nicht dokumentiert. Ergebnisprotokolle stellen das gemeinsame Sitzungsergebnis einer Arbeitsgruppe dar. Dieses ist die effektivste Form der Protokollierung.

2. Verlaufsprotokoll

Der Ablauf einer Arbeitssitzung wird vollständig dokumentiert. Alle Meinungen – auch die, die vom beschlossenen Ergebnis abweichen – werden dargestellt. Diese Form ist wesentlich aufwändiger als die zuvor beschriebene.

Darüber hinaus gibt es das Wortprotokoll, das aber in der Gremienarbeit so gut wie nie zur Anwendung kommt, da es zu viel Zeit in der Erstellung und Lektüre bedarf. Beim Wortprotokoll wird die Sitzung mit allen Redebeiträgen im Wortlaut protokolliert.

Ich empfehle Ihnen, in der Regel Ergebnisprotokolle zu führen, da diese schneller und einfacher anzufertigen sind. Zu lange Verlaufsprotokolle bieten oft kaum weitere Erkenntnisse, halten aber dafür eher vom Lesen ab. Lediglich in konfliktträchtigen Situationen kann es nötig werden, Verlaufsprotokolle zu erstellen.

Zwei weitere Empfehlungen zum Verfassen von Protokollen:
▶ **Das Protokoll muss zügig nach der Sitzung allen Teilnehmern vorliegen.**
Sonst haben die dokumentierten Arbeitsvereinbarungen keine Verbindlichkeit. Als Richtschnur gilt, wenn zwischen zwei Sitzungen einer Arbeitsgruppe vier Wochen liegen, sollte das Protokoll nach einer Woche allen Teilnehmern zur Verfügung stehen. Spätestens, wenn in der Sitzung vereinbarte Arbeitsschritte zu leisten sind, muss das Protokoll allen vorliegen.
▶ **Protokolle müssen keine Schönheitspreise gewinnen.**
Protokolle werden meistens kurz gelesen und dann abgelegt. Versuchen Sie doch einmal ein handschriftliches Protokoll während der Sitzung anzufertigen, das sofort im Anschluss kopiert und den Teilnehmern mitgegeben wird. Gerade im Bereich der Projektarbeit hat sich dieses Vorgehen sehr bewährt. Die Umsetzung kann sofort nach der Sitzung beginnen.

Das folgende Schaubild zeigt einen bewährten Entwurf für ein Protokoll. Diese Vorlage kann auch für oben beschriebenes Vorgehen der handschriftlichen Protokollführung verwendet werden.

Protokoll der Sitzung des Pfarrgemeinderates St. Anna		Seite	
Datum der Sitzung	Beginn	Ende	Sitzungsort
Teilnehmer			
1.		6.	
2.		7.	
3.		8.	
4.		9.	
5.		10.	
Gäste			
1.		2.	
TOP	**Ergebnisse**		**Vereinbarungen zur Weiterarbeit** (Wer? Was? Bis wann?)
Nächste Sitzung	Zeit		Ort
Verteiler des Protokolls	1. alle Teilnehmer 2. … 3. …		
Datum, Name und Unterschrift des Protokollführers			

4.5 Wie in Arbeitsgruppen Entscheidungen getroffen werden

Vielleicht kennen Sie dieses Gefühl: Eine Entscheidung in der Arbeitsgruppe wurde getroffen und Sie fragen sich, wie diese Entscheidung eigentlich zustande kam. Dazu ist es wichtig zu wissen, dass es zahlreiche Wege gibt, wie eine Arbeitsgruppe zu einer Entscheidung kommen kann. Doch nur wenige dieser Wege garantieren eine demokratisch erarbeitete und damit nachhaltige Lösung einer Fragestellung:

Im Idealfall sieht das so aus:

Die Gruppe trifft eine Entscheidung durch Übereinstimmung. Die Entscheidung wird getroffen, nachdem allen Mitarbeitern in einer Arbeitsgruppe die Möglichkeit gegeben wurde, die verschiedenen Seiten des Problems zu erörtern und ihre Wünsche und Interessen zu benennen – bis schließlich alle übereinstimmen, dass die vorgeschlagene Entscheidung die bestmögliche ist, selbst wenn nicht alle Mitglieder sich völlig damit identifizieren können. Diese werden dann trotzdem die Entscheidung unterstützen und mittragen. Eine solche (ideale) Form der Entscheidungsfindung ist nur möglich, wenn sich alle Mitarbeiter der Arbeitsgruppe zum Sachverhalt äußern und konstruktiv an der Lösung mitarbeiten.
Es ist Aufgabe der Moderation darauf zu achten, dass dies realisiert wird. Hier sind partizipative Methoden der geeignete Weg.

Um Ihnen eine Hilfestellung zu geben, fehlgeleitete Entscheidungsprozesse zu erkennen und gegensteuern zu können, stelle ich Ihnen einige Wege dar, wie Arbeitsgruppen häufig zu (problematischen) Entscheidungen kommen.

| Entscheidungs-findung durch Übergehen von Meinungen | Ein Mitarbeiter einer Arbeitsgruppe schlägt eine Lösung vor, aber niemand geht darauf ein. Oftmals hat dieses Vorgehen mit der übergangenen Person und deren Stellung in der Arbeitsgruppe zu tun. Es ist Aufgabe der Moderation, aber auch der gesamten Gruppe, dafür zu sorgen, dass alle Meinungen angemessen berücksichtigt werden. Denn nur breit |

	erarbeitete Lösungen bieten eine Sicherheit, dass Entscheidungen nachher auch vom gesamten Gremium getragen werden.
Entscheidungsfindung durch angemaßtes Recht eines Einzelnen oder einer Gruppe	Eine einzelne Person oder eine Clique im Gremium entscheidet für die ganze Arbeitsgruppe. Die Entscheidung kommt dadurch zustande, dass einige Mitarbeiter nicht von ihrem Recht (oder ihrer Pflicht?) zur aktiven Beteiligung Gebrauch machen. Es ist Aufgabe der Moderation dafür Sorge zu tragen, dass sich alle in angemessener Weise an der Entscheidungsfindung beteiligen. Partizipative Methoden sind hier hilfreich. Notfalls muss man die stillen Mitarbeiter durch direkte Ansprache einbinden. Ansonsten entwickeln sich diese Menschen zu einer Gefahr: Keiner weiß, was sie denken. Tragen Sie die Entscheidung mit oder sabotieren Sie womöglich erarbeitete Ergebnisse?
Entscheidungsfindung durch Abweichen vom Thema	Ein Seitenaspekt des Problems wird von einem Mitarbeiter oder einer Clique plötzlich in den Mittelpunkt gestellt. Somit wird faktisch ein neues Thema eingeführt, die eigentliche Entscheidung wird verdrängt. Es gibt Menschen, die beherrschen diese Technik in Perfektion und schaffen es, eine Gruppe auf diese Weise von einer Entscheidungsfindung abzubringen, ohne dass diese das merkt. Hier helfen klare Zielvereinbarungen in Entscheidungsprozessen, die dann immer im Blick bleiben müssen. Dabei ist es wichtig, die Ziele zu visualisieren. Es ist Aufgabe der Moderation – aber auch aller Teilnehmer der Arbeitsgruppe – immer wieder darauf zu achten, dass die Ziele noch Gültigkeit haben. Weicht eine Arbeitsgruppe stark von vereinbarten Zielen ab, muss sich die Arbeitsgruppe überlegen, entweder wieder zu den Zielen zurückzukehren oder die vereinbarten Ziele zu modifizieren.

Wie in Arbeitsgruppen Entscheidungen getroffen werden	**Entscheidungs-findung durch Gruppen-bildung**	Eine Gruppe innerhalb der Arbeitsgruppe hat eine Lösung bereits im Vorfeld der Sitzung „erarbeitet" und versucht in der Sitzung, diese Lösung der Gruppe unterzujubeln. Dazu werden bisweilen raffinierte Strategien eingesetzt. Hier kann man durch Offenheit und klare Kommunikation entgegensteuern. Neben der Moderation ist es Aufgabe aller Mitarbeiter einer Arbeitsgruppe darauf hinzuwirken, solche Prozesse zu unterbinden. Sie sind für die „unbeteiligten" im Höchstmaß unbefriedigend und sorgen auf Dauer für eine Demotivation der Arbeitsgruppe, die offensichtlich nicht mehr der Ort der Entscheidungsfindung ist.
	Entscheidungs-findung durch Mehrheits-beschluss	Die meisten Lösungen werden in Arbeitsgruppen per Mehrheitsbeschluss erzielt. Was im Grunde positiv klingt, kann durchaus negative Folgen haben: Es bleiben bei einem Mehrheitsbeschluss immer eine Anzahl Mitarbeiter übrig, die eine abweichende Meinung hatten, sonst wäre die Entscheidung ja einstimmig gefallen. Da stellt sich die Frage, inwieweit diese Personen die getroffene Entscheidung mittragen werden. Eine andere (noch gefährlichere) Form der Mehrheitsentscheidung ist die Herbeiführung der Mehrheit durch Druck auf Mitarbeiter mit abweichender Meinung: „Ist jemand dagegen?" oder „Wir stimmen doch alle zu!" sind Sätze, die Ihnen vielleicht bekannt vorkommen. Dadurch wird auf die „schwachen" Gruppenteilnehmer Druck ausgeübt. Eine Mehrheitsentscheidung sollte nur getroffen werden, wenn eine Entscheidung im Konsens nicht möglich ist. Dann ist es wichtig, auch abweichende Meinungen wahr und ernst zu nehmen.

Einige erprobte und bewährte Methoden der Erarbeitung von Ergebnissen finden Sie im Methodenteil unter Punkt 6.4.

4.6   Umgang mit schwierigen Typen in Arbeits-
gruppen und Gremien

Sie sind allen Menschen, die länger in Gremien arbeiten, schon
begegnet: Menschen, die stören, die Arbeit sabotieren und somit
die Arbeit unbefriedigend machen.

Im folgenden Abschnitt möchte ich Ihnen einige „gängige" Typen
vorstellen, die sich in Arbeitsgruppen und Gremien immer wieder
finden, die die Arbeit mitunter enorm schwierig machen.

Es sollte nicht passieren, dass diese schwierigen Typen Ihre
Gremienarbeit erschweren oder gar blockieren, deshalb habe
ich Ihnen einige Verhaltensanregungen zusammengestellt,
wie man auf diese Menschen und deren Strategien reagieren
kann. Grundsätzlich empfehle ich Ihnen − aufbauend auf
der themenzentrierten Interaktion (vgl. 4.4.3: Exkurs: Kommunikation in Gremien) − alle Störungen, die von diesen schwierigen Typen ausgehen, offen zu legen und in der Arbeitsgruppe
zu thematisieren. So kann man den ewigen Störern, Nichts-
tuern und Nörglern ihr Aktionsfeld beschneiden und ihnen
signalisieren: „Wir nehmen wahr, was ihr tut, und wir miss-
billigen es."

	Typ	Wie können Sie auf diesen Typ reagieren?
1.	**Der Einzelkämpfer** Er denkt, dass er der Einzige im Gremium ist, der die anstehenden Fragen durch seine große Erfahrung und seine umfassenden Kenntnisse lösen kann.	Dem Einzelkämpfer begegnet man am besten mit Methoden in der Gremienarbeit, die auf Partizipation setzen und alle Mitarbeiter einbeziehen. So verhindert man seine Allein-gänge. Auch mit formalen Techniken wie einer Redner-liste oder Redezeitbegrenzun-gen kann man den Einzel-kämpfer bremsen.

	Typ	Wie können Sie auf diesen Typ reagieren?
2.	**Der Faule** Er diskutiert viel und gerne. Geht es dann an die Verteilung von Aufgaben zur Umsetzung von Entscheidungen, hält er sich vornehm zurück.	Auch hier helfen partizipative Methoden, die alle Mitarbeiter beteiligen. Außerdem empfehle ich Ihnen eine gute Visualisierung von Ergebnissen und vor allem von Maßnahmenplänen, damit sichtbar wird, wer was in einer Arbeitsgruppe tut. Das ist eine (legitime) Methode, um den Faulen bloßzustellen. Man kann die Untätigkeit Einzelner auch offen ansprechen und so sein Unbehagen äußern.
3.	**Der Heckenschütze** Er wertet fast jede Idee, die geäußert wird, ab, macht jedoch selbst selten einen besseren Vorschlag. Man nennt ihn auch „advocatus diaboli".	Im Umgang mit dem Heckenschützen ist es hilfreich, ihn immer wieder zu ermuntern, sich konstruktiv – mit eigenen Vorschlägen – an der Arbeit zu beteiligen. Das lässt sich auch über geeignete Methoden, wie ein Brainstorming oder eine Zukunftswerkstatt realisieren, bei denen sich der Heckenschütze nicht hinter seiner bloßen Kritik verstecken kann, sondern selbst Vorschläge machen muss.
4.	**Der Schwätzer** Er redet und redet und redet. Aber was sagt er eigentlich aus?	Hier sind klare Interventionen seitens der Moderation gefragt: Redezeitbegrenzungen, Aufforderungen, zur Sache zu sprechen … Sollte die Moderation nicht angemessen reagieren, fordern Sie die Moderation auf, zu intervenieren.

	Typ	Wie können Sie auf diesen Typ reagieren?
5.	**Die Clique** Einige aus der Arbeitsgruppe, die die Arbeit machen, ohne die anderen einzubeziehen. Sie sind tatkräftig, vermitteln jedoch den Eindruck, dass die anderen überflüssig sind. Oft treffen Cliquen schon im Vorfeld einer Sitzung (Vor-)Entscheidungen.	Eine schwierige Situation in der Gremienarbeit: Ich empfehle Ihnen, die Gesamtgruppe in den Hintergrund treten zu lassen und hauptsächlich in Kleingruppen oder Partnerkonstellationen zu arbeiten. So kann es gelingen, diese Cliquen aufzubrechen. Dazu ist es aber erforderlich, dass Sie mittels geeigneter Methoden die Zusammensetzung der Untergruppen beeinflussen, um zu verhindern, dass sich die Cliquen wieder zusammenfinden.
6.	**Der devote Diener** Er sagt immer „ja". Er schließt sich allen Vorschlägen an, die von einem starken Gruppenmitglied gemacht werden.	Fordern Sie ihn heraus, locken sie ihn aus der Reserve, seine eigene Meinung zu sagen und sich konstruktiv einzubringen. Dabei helfen Ihnen Methoden, die jeden einbeziehen.
7.	**Der Aggressive** Er beschuldigt andere, unterbricht Diskussionen, greift persönlich an, stachelt auf und kritisiert das Verhalten der anderen.	Wie bei so vielen schwierigen Typen in Arbeitsgruppen ist auch im Umgang mit dem Aggressiven ein offenes Vorgehen zu wählen. Schildern Sie Ihre Wahrnehmungen ohne eskalierend zu wirken. Fragen Sie ihn, was ihn aggressiv macht und was er braucht, um gut mitarbeiten zu können.
8.	**Der gute Mensch** Er macht sich Sorgen um die anderen, sieht ganz von sich ab, sieht nur die Probleme der anderen, zwingt ihnen seine Hilfe auf, macht sie so von sich abhängig, ist moralisch.	Klare Regeln aus dem Bereich der themenzentrierten Interaktion („Sprich für dich selbst.") helfen, dem guten Menschen klar zu machen, dass in einer Arbeitsgruppe jeder für sich sorgen muss, und dass seine Interventionen nicht hilfreich sind. Sollten Sie persönlich Opfer seiner „Fürsorge" werden, machen Sie deutlich, dass Sie seine Form der „Unterstützung" nicht brauchen, da Sie in der Lage sind, für sich selbst zu sprechen.

Umgang mit
schwierigen
Typen in
Arbeitsgruppen
und Gremien

Typ	Wie können Sie auf diesen Typ reagieren?
9. **Der Gruppenclown** Er macht Witze, zieht inhaltliche Diskussionen ins Lächerliche, er verhält sich spöttisch und ironisch.	Machen Sie dem Gruppenclown klar, dass sein Verhalten für den Arbeitsprozess, aber auch auf der persönlichen Ebene nicht hilfreich ist. Verdeutlichen Sie dabei, dass Sie Wert auf seine Meinung legen und sich eine konstruktive Mitarbeit wünschen.
10. **Der Therapeut** Er beobachtet die Gruppe, äußert tiefsinnige Interpretationen, und vermittelt der Arbeitsgruppe das Gefühl, er durchschaue sie.	Auch hier ist eine Orientierung an der themenzentrierten Interaktion hilfreich. Weisen sie den Therapeuten darauf hin, dass Störungen des Gruppenprozesses Sache der gesamten Arbeitsgruppe sind und seine Interpretationen fehl am Platze sind.

Konflikte und
Konfliktlösung
in Arbeits-
gruppen und
Gremien

4.7 Konflikte und Konfliktlösung in Arbeitsgruppen und Gremien
Nach: MAHLMANN, 2002

Bevor wir uns der Frage widmen, wie in Arbeitsgruppen mit Konflikten umgegangen werden kann, lohnt sich die Frage:

Was sind
Konflikte?

4.7.1 Was sind Konflikte?

Ganz allgemein kann man sagen: *Konflikte sind Störungen*, Störungen zwischen einzelnen Menschen oder zwischen Gruppen, also eine Unvereinbarkeit von Meinungen oder Haltungen. Es kommt hinzu, dass wenigstens eine der Konfliktparteien die Unvereinbarkeit wahrnimmt und negativ bewertet. Zum Beispiel durch das Empfinden, dass die andere Konfliktpartei durch ihr Handeln eigene Ziele und Interessen beeinträchtigt.

4.7.2 Verschiedene Arten von Konflikten

Man unterscheidet verschiedene Arten von Konflikten:

Sachliche Konflikte
Hierbei handelt es sich um hauptsächlich sach- oder themenbezogene Konflikte, bei denen aber immer auch persönliche Gefühle eine Rolle spielen.

Beispiel: Der Pfarrgemeinderat St. Anna ist sich in der Beratung des Haushalts uneinig. Eine Gruppe im Gremium möchte in die Jugendräume investieren, eine andere möchte lieber Rücklagen bilden.

Beziehungs- konflikte
Diese Konfliktform liegt vor, wenn menschliche Grundbedürfnisse wie Akzeptanz, Achtung oder Wertschätzung von anderen Personen verletzt werden. In der Gremienarbeit werden Beziehungskonflikte oft als sachliche Konflikte ausgetragen, da sie nicht als Beziehungskonflikte erkannt werden. Daher birgt besonders diese Konfliktform ein hohes Eskalationspotenzial.

Beispiel: Im Pfarrgemeinderat St. Anna ist Herr Müller verärgert, weil er dem Vorsitzenden, Herrn Mayer, vorwirft, seine Meinung grundsätzlich nicht ausreichend zu berücksichtigen.

Wertkonflikte
Wertkonflikte entstehen, wenn eine Person mit dem Verhalten oder der Meinung einer anderen Person nicht einverstanden ist, obwohl sie nicht unmittelbar davon betroffen ist.

Beispiel: Eine Gruppe im Pfarrgemeinderat St. Anna ist nicht einverstanden, in welcher Form die Mitglieder des Liturgieausschusses Jugendgottesdienste vorbereiten. Sie halten diese Form der Gottesdienste für unangemessen.

Institutionali- sierte Konflikte
Bei institutionalisierten Konflikten handelt es sich um Konflikte, die aus einem System entstehen.

Beispiel: Der Verwaltungsausschuss der Pfarrgemeinde St. Anna ist uneins mit dem Sachausschuss Jugend über die Höhe der Zuschüsse für die Jugendarbeit in der Pfarrgemeinde.

Verschiedene Arten von Konflikten

Bei diesen unterschiedlichen Formen von Konflikten gibt es einige Faktoren, die allen Konflikten gleich sind:

▶ Konflikte sind immer gefühlsbeladen, selbst Sachkonflikte haben einen großen Anteil an Emotionalität.

▶ Konflikte haben die Tendenz zu eskalieren. Damit stellen Konflikte ein großes Risiko für die Arbeitsfähigkeit eines Gremiums dar. Unbearbeitete Konflikte können eine Arbeitsgruppe lahm legen.

▶ Konflikte erzeugen Lösungsdruck. Da aber die Klärung von Konflikten keine angenehme Aufgabe ist, ziehen Konflikte oft ein Gefühl des Unbehagens nach sich.

Sie alle kennen wahrscheinlich Konflikte in Ihrer Gremienarbeit. Diese haben negative Auswirkungen, die die Arbeit beinträchtigen:

Wer in einen Konflikt gerät,

▶ muss damit rechnen, dass dieser ihn emotional anspannt,

▶ muss damit rechnen, dass der Konflikt Kraft kosten wird.

Umgang mit Konflikten

4.7.3 Umgang mit Konflikten

Für den Umgang mit Konflikten gibt es keine Patentrezepte. Ich möchte Ihnen lediglich Empfehlungen geben, die sich in meiner Arbeit als hilfreich erwiesen haben.

Bevor wir zur eigentlichen Bearbeitung von Konflikten kommen, steht eine grundsätzliche Überlegung an:

Wie kann der Konflikt geklärt werden?
Man unterscheidet drei verschiedene Arten der Konfliktbearbeitung:

1. **Klärung des Konflikts durch formale Machtstrukturen**
   Der Mächtige in einer Konfliktkonstellation setzt eine Lösung durch. Beispielsweise macht der Pfarrer im Pfarrgemeinderat von seinem Recht Gebrauch, in Haushaltfragen ein Veto einzulegen.

2. **Klärung des Konflikts durch rechtliche Strukturen**
   Mindestens eine der Konfliktparteien ruft eine unabhängige Instanz an, um einen Konflikt zu klären: z. B. ein Schiedsgericht oder eine Satzungskommission.

3. Klärung des Konflikts durch einen Interessensausgleich

Alle Konfliktparteien sind bereit, an einer auf Konsens und Kompromiss basierenden Lösung des Konflikts zu arbeiten.

Die dritte Variante der Konfliktbearbeitung ist in der Gremien-arbeit die häufigste, da die beiden ersten Varianten oft nicht zur Verfügung stehen.

Sie ist aber zweifelsohne auch die schwierigste. Für diese Form der Konfliktbearbeitung gebe ich Ihnen im Folgenden einige Anregungen:

Als erster Schritt der Konfliktbearbeitung ist die Analyse dieses Konflikts sinnvoll. Ziel dieser Analyse ist es, eine möglichst gute Übersicht über die verschiedenen Dimensionen des Konflikts zu bekommen. Dazu können die folgenden Fragen eine Orientierung sein:

Schema zur Konfliktanalyse
(Kurz-)Beschreibung der Konfliktsituation
Konfliktparteien   ▸ *Wer ist am Konflikt beteiligt?*   ▸ *Ist es ein Konflikt zwischen zwei Personen oder zwischen zwei Gruppen (soziale Dimension des Konflikts)?*   ▸ *Wie stehen die Konfliktparteien zueinander?*   *Gibt es ein Hierarchiegefälle?*
Konfliktform   ▸ *Handelt es sich um einen offenen oder einen versteckten Konflikt?*   ▸ *Handelt es sich um einen institutionalisierten Konflikt oder nicht?*
Konfliktgegenstand   ▸ *Worum geht es sachlich (Sachebene)?*   ▸ *Worum geht es zwischenmenschlich (Metaebene)?*
Eigene Rolle im Konflikt   ▸ *Wie bin ich in den Konflikt involviert?*   ▸ *Welche Auswirkungen hat der Konflikt auf mich?*

Nach dem ersten Schritt, der hauptsächlich der persönlichen Vorbereitung auf eine Konfliktlösung dient, kommt nun die eigentliche Bearbeitung des Konflikts. Dabei hat sich das so genannte Konfliktgespräch sehr bewährt. Diese Form der Konfliktbearbeitung verläuft in mehreren Phasen und setzt gewisse persönliche Haltungen voraus:

	Phase	Was passiert?	Persönliche Haltung
1.	Wahrnehmung des Konflikts durch einen Beteiligten	Eine Person oder eine Gruppe nimmt wahr, dass ein Konflikt entstanden ist, und dass dieser Konflikt als Beeinträchtigung empfunden wird.	Zu Beginn eines Konflikts ist es wichtig, die eigene Erregung und Emotionalität zu kontrollieren, um nicht eine (weitere) Eskalation des Konflikts zu verursachen.
2.	Aufbau einer Beziehung zur anderen Konfliktpartei	Ziel der zweiten Phase ist es, zur anderen Konfliktpartei eine Beziehung aufzubauen, ihr von dem Konflikt zu berichten, um Bereitschaft zu erzeugen, an einer gemeinsamen Lösung des Konflikts mitzuarbeiten.	Wichtig in der zweiten Phase ist der Aufbau einer vertrauensvollen Basis, um deutlich zu machen, dass beide Parteien an einer Lösung des Konflikts interessiert sind. Bei sachlichen Konflikten ist es hilfreich, deutlich zu machen, dass es „um die Sache" und nicht „um dich/Sie" geht.
3.	Darstellung des Konflikts	Die eigentliche Bearbeitung des Konflikts beginnt mit der genauen Darstellung des Sachverhalts. Dazu gehört neben der sachlichen Ebene	Eine offene Kommunikation ist der Schlüssel zum Erfolg in der dritten Phase. Es ist wichtig, der anderen Seite sorgfältig (aktiv) zuzuhören und

	Phase	Was passiert?	Persönliche Haltung
		des Konflikts auch die Metaebene, d.h. Gefühle und Emotionen, die im Konflikt eine Rolle spielen. Am Ende dieser Phase sollen alle Konfliktparteien den Konflikt verstanden haben, der Konflikt muss klar und deutlich definiert sein. Hier ist eine Visualisierung hilfreich.	ggf. nachzufragen. Dabei sollte auch auf Details Wert gelegt werden.
4.	Lösung des Konflikts	Im vierten Schritt begeben sich die Konfliktparteien auf die Suche nach Lösungswegen. Dabei sollten die Beteiligten zunächst ihre jeweiligen Ziele benennen. Bei der Suche nach einem Kompromiss ist es hilfreich, Mussziele von Wunschzielen zu trennen, das erleichtert die Suche nach einem Konsens. Bei der Suche nach einer Konfliktlösung müssen die Parteien darauf achten, sich nicht auf Nebenschauplätzen zu verlieren, sondern immer das Gesamtpaket einer Lösung im Blick zu behalten. Gute Lösungen zeichnen sich durch Kompromisse und Neuheiten aus.	Neben einer offenen Kommunikation ist in dieser Phase der Konfliktbearbeitung eine gewisse Zähigkeit erforderlich, um ausdauernd an einer Lösung zu arbeiten und sich nicht mit vorschnellen und oft nicht tragfähigen Kompromissen zufrieden zu geben.

	Phase	Was passiert?	Persönliche Haltung
5.	**Treffen einer Vereinbarung**	Haben die beiden Konfliktparteien eine Lösung gefunden, so müssen sie eine explizite Vereinbarung darüber treffen, am besten schriftlich. Dabei ist zu fragen, ob die Bewertung der erarbeiteten Lösung von beiden Parteien gleich ausfällt, ob also beide in gleichem Maße mit der Lösung einverstanden sind.	In dieser Phase müssen beide Konfliktparteien über ihren Schatten springen und eine gemeinsame Lösung akzeptieren. Dabei ist es wichtig, die eigenen Emotionen bezogen auf die Lösung zu formulieren und so für Klarheit zu sorgen.
6.	**Persönliche Verarbeitung des Konflikts**	Nach einer Konfliktklärung müssen sich beide Konfliktparteien erholen und beginnen, mit der Lösung zu leben. Dabei ist es wichtig, persönlich auch innerlich zur Vereinbarung „ja" zu sagen, auch wenn die Lösung selten die Ideallösung für einen selbst sein wird.	In dieser Phase ist es wichtig, Rachegefühle zu verbannen, denn diese beeinträchtigen die Umsetzung der Lösung in die Praxis und bieten den Nährboden für weitere, neue Konflikte.

4.7.4 Konfliktmoderation durch Dritte

Oft sind Konflikte so tiefgehend, so lang andauernd, so emotional oder so schwer wiegend, dass die Konfliktparteien den Konflikt nicht aus eigener Kraft lösen können. Dann ist es sinnvoll, ein Konfliktgespräch zu führen, das von einer dritten, unabhängigen Person moderiert wird.

Wichtig hierbei ist es, dass es sich um eine Person handelt, die inhaltlich und persönlich neutral ist, also nicht in den Konflikt involviert ist. Die Person sollte von allen Konfliktparteien gleichermaßen akzeptiert werden. Dann bestehen gute Chancen, dass der Konflikt für beide Seiten zufrieden stellend bearbeitet werden kann.

Folgende Haltungen und Grundsätze sollte die moderierende Person beachten:

▶ Das Vorgehen der Moderation sollte für die beteiligten Parteien zu jeder Zeit transparent sein, um Misstrauen zu vermeiden.
▶ Zu Beginn des Gesprächs sollten Kommunikationsregeln vereinbart – soweit diese nicht ohnehin bestehen – und vom Moderator gewährleistet werden.
▶ Der Moderator darf nur offen mit den Konfliktparteien kommunizieren und sich nicht auf Nebenabsprachen mit einzelnen Parteien – z. B. in Pausen – einlassen.
▶ Die bereits beschriebenen Visualisierungstechniken helfen auch bei einem moderierten Konfliktgespräch ungemein, für die nötige Transparenz zu sorgen.

Kapitel 5: Am Ende einer Sitzung

Es ist in den allermeisten Sitzungen nicht so, dass die Arbeit mit Abschluss der Sitzung getan ist. In der Regel werden in einer Sitzung Maßnahmen beschlossen, Aktionen geplant, Arbeitsgruppen gegründet oder Aufgaben verteilt.

Das bedeutet, dass mit dem Ende einer Arbeitssitzung die Arbeit erst richtig losgeht.

Und da zeigt sich in vielen Arbeitsgruppen das gleiche Phänomen: unklare Vereinbarungen, unpräzise Arbeitsteilungen, mangelhafte Zeitpläne ...
Das führt dann zu zeitlichen Verzögerungen, explodierenden Kosten, unbefriedigten Mitarbeiter ...

Die Effektivität von Arbeitsgruppen hängt stark von der Qualität einer Planung und der Vereinbarung des weiteren Vorgehens am Ende einer Sitzung ab. Ein wesentlicher Teil ist – wie bereits beschrieben – die zügige und gründliche Erstellung von Protokollen. Unerlässlich ist aber auch die Vereinbarung einer **Maßnahmenplanung** am Ende einer Arbeitssitzung, ohne diese sollte keine Arbeitsgruppe auseinander gehen.

5.1   Maßnahmenplanung

Eine Maßnahmenplanung ist eine umfassende Beantwortung der Frage:

> **Wer macht**
> → **was?**
> → **wie?**
> → **bis wann?**
> → **mit wem?**

Eine Maßnahmenplanung ist übrigens eine der kritischsten Phasen einer Arbeitssitzung. Hier wird deutlich, wie konkret die einzelnen Mitglieder einer Arbeitsgruppe an der Umsetzung der Beschlüsse mitarbeiten möchten und wie stark die Identifikation der Teilnehmer mit der Arbeitsgruppe und deren Ergebnissen ist. Deshalb sollte der Maßnahmenplanung auch ausreichend Zeit gegeben werden.

Folgendes Raster gibt einen Überblick über die einzelnen Schritte zu einer vollständigen Maßnahmenplanung:

Zunächst sollten Sie am Ende einer Sitzung mit allen Teilnehmern eine Liste erstellen, die
▶ alle gefassten Beschlüsse,
▶ alle zu erledigenden Aufgaben und
▶ alle feststehenden Termine
enthält.

Eventuell müssen Sie in einer Sitzung auch mehrfach an der Maßnahmenplanung arbeiten: Wenn Sie z. B. mehrere inhaltliche Beratungen durchführen, aus denen sich Maßnahmenpläne ableiten, sollten Sie das direkt im Anschluss an den jeweiligen Beratungspunkt tun.

Aus dieser unstrukturierten Zusammenstellung kann dann der Maßnahmenplan abgeleitet werden.

Die Reihenfolge der zu beantwortenden Fragen ist in der Vorlage bewusst gewählt, da die relativ weit links und in Nähe der Aufgaben stehenden Namen direkt erkennen lassen, für was man selbst zuständig ist. Ausgefüllt werden sollten jedoch zuerst die einzelnen Projekte (Spalte 1), dann sollten dem jeweiligen Projekt die entsprechenden Aufgaben zugeordnet werden (Spalte 3). Danach sollte die Zeitschiene der einzelnen Aufgaben festgelegt werden (Spalte 4). Erst dann werden Zuständigkeiten und Verantwortlichkeiten geklärt, da dann jeder Teilnehmer erkennen kann, ob er eine Aufgabe auch in der erwünschten Zeit erfüllen kann. So lassen sich Zusagen, die nicht gehalten werden können, reduzieren.

Das Wichtigste bei einem Maßnahmenplan in Kürze
▶ Der Maßnahmenplan muss visualisiert werden. Mündliche Maßnahmenpläne haben keine ausreichende Verbindlichkeit (vgl. 4.4.5: Visualisierung).
▶ Der Maßnahmenplan sollte unabhängig vom Protokoll angefertigt werden.
▶ Der Maßnahmenplan muss allen Teilnehmern zügig vorliegen, auch denen, die keine Aufgaben übernommen haben. Hier orientieren Sie sich am besten an den bereits beschriebenen Grundsätzen der Protokollführung.

**Maßnahmen-
planung**

Maßnahmenplan für die Sitzung des PGR St. Anna vom:

Beschluss	Wer?	Was?	Bis wann?	Mit wem?	Bericht an:	Erledigt?
Gemeinde-fest St. Anna am …	Frau Müller	Organisation einer Musikanlage	…	…	Herrn Schmidt	…
Projektleiter: Herr Schmidt	Herr Schmidt	Organisation der Verpflegung	…	Herrn Ulbricht	–	…
	Frau Petersen	…	…	…	…	…
Vorbereitung der Firmung am …	Herr Schmidt	…	…	…	…	…
Projektleiter: Pfarrer Schramm	Frau Walter	…	…	…	…	…
	…	…	…	…	…	…

5.2   Auswertung und Reflexion von Sitzungen

Zu einer gelingenden Gremienkultur gehört eine Evaluation der Arbeit. Ziel der Auswertung von Sitzungen ist es, von den Teilnehmern zu erfahren, was ihnen die Arbeit erleichtert oder was effektive Gremienarbeit blockiert. Ausgehend von diesen Ergebnissen können sie Ihre Gremienarbeit dann weiterentwickeln.

5.2.1   Ziele von Auswertungsmethoden

▸ Die Reflexion bietet den Teilnehmern die Möglichkeit zu einem Abgleich der anfänglichen Erwartungen an die Sitzung mit den erzielten Ergebnissen.
▸ Die Moderation der Sitzung bekommt eine Rückmeldung der Teilnehmer zur Frage, wie die Rolle der Moderation erlebt wurde.
▸ Die Teilnehmer geben in der Reflexion einen Ausblick auf die weitere Arbeit der Gruppe.

5.2.2   Zwei Techniken der Evaluation

▸ **Die individuelle, öffentliche Auswertung am Ende einer Sitzung**
Bei der individuellen, öffentlichen Auswertung äußern sich die Mitglieder der Arbeitsgruppe am Ende der Sitzung unmittelbar und öffentlich über Ihre Eindrücke und Wahrnehmungen.
Ziel dieser Art der Auswertung ist es, Stimmungen einzufangen, Arbeitstreffen abzurunden und den Gruppenprozess zu strukturieren. Dabei handelt es sich um Methoden, die am Ende einer Sitzung − jedoch noch innerhalb der Sitzungsdauer (Sie wollen ja pünktlich aufhören!) − angewandt werden. Alle Teilnehmer beteiligen sich in der Intensität, in der sie möchten.

Vorteil eines solchen Vorgehens ist die Tatsache,
… dass ein spontanes Bild der Stimmung in einer Arbeitsgruppe entsteht.
… dass die verschiedenen Teilnehmer etwas voneinander mitbekommen.
… dass in Maßen auch noch Rückfragen möglich sind.

Nachteil einer solchen Auswertung ist der Umstand, dass mache Teilnehmer sich von der offenen Situation abschrecken

lassen, ehrlich zu sagen, was sie bewegt – insbesondere, wenn
es um negative Rückmeldungen geht.

▶ **Das standardisierte, anonyme Auswertungsverfahren**
Gerade bei Arbeitsgruppen, die über einen längeren Zeitraum
miteinander arbeiten, bietet sich ein standardisiertes und ano-
nymes Auswertungsverfahren an. Hierbei bekommen die Teilnehmer nach jeder Sitzung einen Fragebogen, in dem Sie sich
in offenen und geschlossenen Fragen zum Sitzungsverlauf
äußern können. Vorteil dieses Vorgehens ist die Anonymität,
die es jedem – unabhängig von Hierarchien oder gruppen-
dynamischen Prozessen – erlaubt, seine Meinung zu äußern.
Nachteile sind die Tatsache, dass kein unmittelbares Stimmungsbild entsteht und dass eine solche Methode mit einem hohen
Auswertungsaufwand verbunden ist.

Bei Arbeitsgruppen, die über einen langen Zeitraum und regelmäßig miteinander arbeiten, empfiehlt es sich, auf eine Kombination
von beiden Methoden zurückzugreifen. Eine oder zwei Methoden
der direkten Auswertung am Ende der Sitzung und ein standardisiertes Auswertungsverfahren – entweder ebenfalls am Ende der Sitzung
oder im Nachgang zu Hause, haben sich als sinnvoll erwiesen.

5.2.3 Zwei Ebenen der Reflexion
Bei der Reflexion von Gremiensitzungen sind immer zwei Bereiche
von Bedeutung:

Sachebene	Metaebene
Themen	Zusammenarbeit
Inhalte	Interaktion
Beschlüsse	Gruppendynamik
Diskussionen	Unausgesprochenes
…	…

Es ist daher Aufgabe der Moderation, in der Reflexion einer
Sitzung beide Ebenen zu fokussieren.

Die erste Ebene – die Sachebene – ist oft das viel kleinere Problem.
In vielen Gremien, die ich kennen gelernt habe, wurde diese Ebene

wie selbstverständlich reflektiert. Doch die zweite Ebene – die Metaebene – ist da weitaus unbeliebter. Wenn es um Befindlichkeiten und Gefühle geht, sind Menschen of schwerer zu erreichen: „Wir sind doch der Inhalte wegen hier." „Das ist doch alles Kinderkram." „Auf Psychospiele habe ich keine Lust." Das sind die bekannten Aussagen, wenn es an eine Reflexion der Metaebene geht.

Doch eine effektive Gremienarbeit ist nur möglich, wenn auch die Metaebene in den Blick genommen wird. Das haben Sie bereits in den Kapiteln zur Kommunikation und zur themenzentrierten Interaktion gelesen. Das gilt natürlich auch für die Reflexionsphase. Damit eine Reflexion auf der Metaebene – man spricht von Feedback – gelingt, sind einige Grundsätze zu beachten:

Das Feedback ist eine Gesprächsform, anderen etwas darüber zu sagen, wie ich sie sehe und erlebe, bzw. zu erfahren, wie andere mich sehen.

Feedback besteht daher aus zwei Komponenten, nämlich dem **Feedback-Geben** und dem **Feedback-Nehmen**. Jeweils am Ende einer Arbeitssitzung soll dieser Austausch stattfinden, um aus den Rückmeldungen zum einen persönlich zu lernen, zum anderen aber auch um die Arbeit des Gremiums zu verbessern.

Feedback geben verbindet sich mit drei Zielsetzungen:
1. Ich will den anderen darauf aufmerksam machen, wie ich sein Verhalten erlebe und was es für mich bedeutet (im positiven wie im negativen Sinn).
2. Ich will den anderen über meine Bedürfnisse und Gefühle informieren, damit er darüber Bescheid weiß, worauf er besser Rücksicht nehmen könnte. So muss er sich nicht auf Vermutungen stützen.
3. Ich will den anderen darüber aufklären, welche Veränderungen in seinem Verhalten mir gegenüber die Zusammenarbeit mit ihm erleichtern würden.

Gutes Feedback bezieht sich immer auf hilfreiche Verhaltensweisen, aber auch auf störende.

Die **positiven Wirkungen** von Feedback liegen darin, eigene störende Verhaltensweisen zu korrigieren und die Zusammenarbeit effektiver zu gestalten. Allerdings ist es keine einfache Angelegenheit, Feedback zu geben oder zu nehmen. Es kann manchmal wehtun, peinlich sein, Abwehr auslösen oder neue Schwierigkeiten heraufbeschwören, da niemand leichten Herzens akzeptiert, in seinem Selbstbild korrigiert zu werden. Auch muss der offene Umgang mit Gefühlen – um die es beim Feedback oft geht – häufig erst erlernt werden. Eine Feedback-Situation ist daher oft prekär, so dass es günstig ist, dass „Feedback-Geber" und „Feedback-Nehmer" bestimmte Regeln einhalten.

Wie sollte eine Rückmeldung sein?

▶ **Geben sie Ihre Rückmeldung beschreibend und nicht wertend!**
Geben Sie Ihrem Gegenüber eine möglichst konkrete Beschreibung seines speziellen Verhaltens und Ihrer Reaktionen darauf. Vermeiden Sie jede kritische Infragestellung seiner Person und jede Interpretation – es sei denn, er fordert Sie ausdrücklich dazu auf, mit ihm zusammen nach den tieferen Ursachen seines Verhaltens zu suchen.

▶ **Seien Sie konkret!**
Beziehen Sie Ihre Rückmeldung auf ein begrenztes Verhalten des Feedback-Nehmers (z.B. eine Aussage oder eine Verhaltensweise) und nicht allgemein auf die gesamte Persönlichkeit des Angesprochenen.

▶ **Seien sie angemessen!**
Beachten Sie neben Ihren eigenen Bedürfnissen, jemandem etwas zurückzumelden, auch die Bedürfnisse des Angesprochenen und der anderen Mitglieder der Arbeitsgruppe.

▶ **Geben Sie brauchbare Rückmeldungen!**
Eine hilfreiche Rückmeldung bezieht sich immer auf Verhaltensweisen beim Feedback-Nehmer, die dieser verändern kann. Ansonsten ist das Feedback wertlos. Sprechen sie also nichts Unabänderliches an. Wenn keine Chance besteht, dass Ihr Feedback eine Verhaltensänderung bewirkt, lassen Sie es bleiben.

▶ **Fordern Sie in Ihren Rückmeldungen keine Verhaltens-
änderungen!**
Sie können dem Feedback-Nehmer nur Informationen darüber
liefern, was sein Verhalten bei Ihnen auslöst. Ob er aufgrund
dieser Informationen sein Verhalten ändert, muss er selbst entscheiden. Sie können ihn sich anders wünschen, aber ihn nicht
dazu zwingen.

Zwei Ebenen
der Reflexion

▶ **Geben Sie nur persönliche Rückmeldung, wenn diese
erbeten ist!**
Verstehen Sie Ihr Feedback als Angebot. Zwingen Sie anderen
keine Rückmeldungen auf, wenn diese nicht bereit sind, sie
anzunehmen. In einem solchen Fall bleibt Ihr Feedback ohnehin wirkungslos. Die beste Rückmeldung ist die, um die Sie
vom Empfänger direkt gebeten werden.

▶ **Geben Sie Ihre Rückmeldung rechtzeitig!**
Geben Sie Ihr Feedback so bald wie möglich. Je weiter das Verhalten, das Sie ansprechen, in der Vergangenheit liegt, umso
weniger kann der Feedback-Nehmer mit Ihrer Rückmeldung
etwas anfangen. Sofortiges Feedback gibt dem Empfänger die
Möglichkeit, die angesprochene Situation besser in Erinnerung
zu rufen und sein Verhalten zu verifizieren.

▶ **Geben Sie Ihr Feedback klar und genau formuliert!**
Beziehen Sie sich auf konkrete Situationen und Verhaltens-
weisen. Nur so erreichen Sie, dass der Feedback-Nehmer Ihre
Rückmeldung einordnen und überprüfen kann.

▶ **Achten Sie bei Ihren Rückmeldungen auf sachliche
Richtigkeit!**
Beziehen Sie Ihr Feedback auf Verhaltensweisen und Äußerungen, die nachprüfbar sind und die evtl. auch von anderen
konkretisiert werden können.

▶ **Achten Sie auf die richtige Dosierung Ihres Feedbacks!**
Geben Sie Ihre Rückmeldungen in kleinen Portionen, alles
andere überfordert den Empfänger. Achten Sie den Grundsatz:
Besser öfter als das große Aufräumen!

▶ **Geben Sie durch Ihre Rückmeldungen neue Informationen für den Empfänger!**
Das Selbstverständliche braucht nicht schon wieder gesagt zu werden. Fragen Sie sich, ob die Information, die Sie geben wollen, für den Empfänger wohl neue Gesichtspunkte enthält. Was sein Verhalten in Ihnen bewirkte, welche Empfindungen es weckte, ob es Sie aktivierte, lähmte, verärgerte, freute …, das sind möglicherweise wichtige neue Gesichtspunkte für ihn.

▶ **Sehen Sie die Reaktion, die Ihr Feedback auslöst, voraus!**
Warum wollen Sie eigentlich ein Feedback geben? Werden Sie sich Ihrer Gefühle und Intentionen klar. Wollen Sie Ihre Kommunikation verbessern? Ihm helfen? Oder ihm auf gruppendynamisch elegante Weise eins auswischen? Wie könnte Ihr Gegenüber reagieren? Wie die Arbeitsgruppe? Welche Wirkung könnte das Feedback auf die weitere Zusammenarbeit des Gremiums haben?

Der Empfänger von Feedback ist in keiner einfachen Rolle: Er muss passiv bleiben, zuhören und unter Umständen auch ertragen, was andere ihm sagen. Beachten Sie die folgenden Regeln und Sie werden merken: Das Empfangen von Feedback ist nicht schwierig, sondern kann sogar sehr hilfreich für Sie sein:

Regeln für das Annehmen von Kritik
Beim Entgegennehmen des Feedbacks befindet sich der Empfänger in einer passiven Rolle, ist also den Rückmeldungen erst einmal ausgesetzt. Sie sollten aber sehen, dass es für den Feedback-Nehmer die Chance gibt, zu erfahren, wie er auf andere wirkt.

Deshalb sollten Sie als Empfänger von Feedback …

… dem Geber genau **sagen, worüber Sie Feedback haben möchten**. Wenn Sie um Feedback bitten, nennen Sie konkrete Verhaltensweisen, über deren Wirkung auf Ihre Gesprächspartner Sie etwas erfahren wollen. Oder bitten Sie um Feedback und Intervention, wenn Ihre Gegenüber sich von Ihnen gestört fühlen.

… den anderen **ausreden** lassen. Sie können nicht wissen, was der andere sagen will, bevor er nicht zu Ende gesprochen hat. Allenfalls könnten Sie es vermuten. Deshalb gilt: Ausreden lassen!

... sich **vergewissern, was Ihnen der andere mitteilen wollte**.
Versuchen Sie wirklich zu verstehen, was Ihr Gegenüber Ihnen
sagen möchte (Rückfragen sind hier ausdrücklich erlaubt). Was
bringt sein Beitrag Ihnen Neues? Erst wenn Sie ganz sicher sind,
was die Intention des Feedback-Gebers ist, sollten Sie über die Bedeutung reflektieren, die das Feedback möglicherweise für Sie hat.

... sich **nicht rechtfertigen oder verteidigen**. Es ist wichtig
sich klar zu machen, dass der andere nie beschreiben kann,
wie Sie sind, sondern immer nur, wie Sie auf denjenigen wirken.
Diese Wahrnehmung ist aber durch keine Klarstellung revidierbar.
Sie sollten die Meinung des anderen hinnehmen und, falls Sie
möchten, auch daraus lernen. Es ist lediglich wichtig zu verstehen, was der andere meint. Sie sollten sich also nicht scheuen,
Verständnisfragen zu stellen.

... **dankbar** sein für das empfangene Feedback, auch wenn es
nicht in der richtigen Form gegeben wurde. Es hilft, sich selbst
und die Wirkung auf andere kennen zu lernen und dadurch
sicherer und kompetenter im Auftreten zu werden.

... Ihre **Reaktionen auf das Feedback mitteilen**. Wenn Sie
weitere Informationen über Ihr Verhältnis möchten und von
Ihrem Gegenüber nächstes Mal wieder Feedback brauchen,
muss er wissen, wie seine Beobachtungen auf Sie wirken und
ob sie Ihnen helfen. Sagen Sie ihm, wie sein Feedback auf Sie
wirkt und welchen Einfluss seine Aussagen auf Ihr künftiges
Verhalten haben können.

... Feedback **nicht unkritisch akzeptieren**. Prüfen Sie das Feedback an Ihrem Verhalten in ähnlichen und anderen Situationen
nach. Können Sie es bestätigen oder nicht? Ist Ihnen Ähnliches
schon einmal gesagt worden? Fragen Sie die anderen Mitglieder
der Arbeitsgruppe nach deren Eindrücken – können diese das
Feedback bestätigen, modifizieren, korrigieren? Bleiben Sie aber
auch sich selbst gegenüber kritisch: Erleben Sie zu wenig oder
zu viel Feedback? Neigen Sie zu Widersprüchen? Neigen Sie zu
Gegenangriffen? Neigen Sie dazu, misszuverstehen oder falsch
zu deuten?
Eine Auswahl an erprobten und hilfreichen Methoden der Reflexion
finden Sie unter Punkt 6.6 im Methodenteil.

5.3 Abschluss der Sitzung

Nach der Reflexion einer Arbeitssitzung steht noch der letzte
Punkt an: der Abschluss der Sitzung.

Der erste und wichtigste Punkt der Abschlussphase ist, die Sitzung zu der in der Einladung angekündigten oder zu Beginn der
Sitzung vereinbarten Zeit abzuschließen. So können Sie verhindern, dass vorzeitiges Gehen einsetzt, da die Teilnehmer nicht
erkennen können, wann die Sitzung enden wird.

Wie zu Beginn einer Arbeitssitzung ist auch am Ende wieder die
Moderation gefragt. Standen am Anfang noch das Schaffen einer
angenehmen Atmosphäre und die Motivation der Teilnehmer im
Mittelpunkt, gelten für den Abschluss der Sitzung folgende Ziele:

▶ Es ist Ziel in der Abschlussphase einer Sitzung, den Teilnehmern für Ihre Mitarbeit zu danken, evtl. auch anwesenden
Referenten oder Gästen für deren Kommen zu danken und
so Wertschätzung für die geleistete Arbeit auszudrücken.

▶ Es ist außerdem Ziel des Abschlusses, einen kurzen Ausblick
auf die weitere Arbeit der Arbeitsgruppe zu geben: Wann findet
die nächste Sitzung statt? Was passiert in der Zwischenzeit?
Wie geht es inhaltlich weiter?

▶ Nicht zuletzt ist es das Ziel des Abschlusses, die sog. „Nach-
sitzung", also den gemütlichen Teil der Sitzung einzuläuten.
Unterschätzen Sie gerade im ehrenamtlichen Bereich nicht
die Bedeutung des „Geselligkeitsfaktors" in der Gremienarbeit.
Es soll schon Menschen gegeben haben, die nur deswegen
überhaupt in einem Gremium mitgearbeitet haben.

**Zum Schluss noch zwei Tipps für die Gestaltung des Endes
einer Arbeitssitzung:**

1. Nehmen Sie sich genug Zeit für den Abschluss, denn eine nicht
„rund" abgeschlossene Arbeitssitzung sorgt dafür, dass die Teilnehmer mit einem unzufriedenen Gefühl nach Hause gehen.
2. Sorgen Sie dafür, dass das Ende einer Sitzung dem Abschluss
vorbehalten ist und dass keine neuen inhaltlichen Themen
mehr in die Gruppe getragen werden. Hierfür fehlt in der Regel
die nötige Zeit und Konzentration. Leider gibt es immer wieder
Menschen, die versuchen, genau das zu tun.

Kapitel 6: Methodensammlung für gelingende Gremienarbeit

6.1 Einführung in die Arbeit mit Methoden

Ich stelle Ihnen auf den folgenden Seiten einige grundsätzliche Gedanken vor, die sich bei der Auswahl und Anwendung von Methoden bewährt haben.

Was ist eine Methode?

Eine Methode in der Gremienarbeit bezeichnet einen Weg, ein planvolles, durchdachtes Verfahren zur Erreichung eines Ziels.

Vorab der wichtigste Grundsatz zum Methodeneinsatz in der Gremienarbeit:

Leitsatz: Das Ziel bestimmt die Methode.

Oder anders: Keine Methode der Methode willen oder der Unterhaltung der Teilnehmer wegen. Methoden sollen dann angewendet werden, wenn sie **schnellere** oder **bessere** Ergebnisse erbringen.

Gute Methoden in der Gremienarbeit sind durch folgende Merkmale gekennzeichnet:
▶ Sie regen die Teilnehmer an, sich zu äußern, sich einzubringen und mitzudenken. Das heißt, gute Methoden sind partizipativ. Sie ermöglichen allen Teilnehmern an einer Frage mitzuarbeiten: den Schnellen, den Langsamen, den Lauten, den Schüchternen … Ob eine Methode geeignet ist, hängt wesentlich davon ab, ob sie den beschriebenen, partizipativen Ansatz einlöst.
▶ Gute Methoden verfolgen ein klares Ziel, sie grenzen eine Fragestellung ein, sie machen ein Problem deutlich und dienen daher zu einer effektiven und problembezogenen Bearbeitung von Fragestellungen. Im Gegensatz zu oft unstrukturierten Diskussionen haben Methoden in der Gremienarbeit den Vorteil, strukturiertes Arbeiten zu ermöglichen. Daran muss sich auch die Wahl von Methoden orientieren.

▸ Gute Methoden in der Gremienarbeit bieten ein Forum für verschiedene, auch abweichende Meinungen. Diese sind in der Gremienarbeit nicht störend, sondern ausdrücklich erwünscht. Denn erst verschiedene Sichtweisen und Ideen beleben die Arbeit und eröffnen oft neue Sichtweisen.

Die richtige Methode zur richtigen Zeit

Bevor man sich für den Einsatz einer Methode entscheidet, kann die Beantwortung der folgenden Fragen hilfreich sein:

▸ Was <u>soll</u> ich bewirken?
▸ Was <u>will</u> ich bewirken?
▸ Welche Ziele verfolge ich?
▸ Was soll das Ergebnis des Arbeitsprozesses sein?

Orientierung an der Gruppe

Bei der Wahl der Methode für ein Gremium ist eine Orientierung an der Situation der Arbeitsgruppe unerlässlich, um die richtige Methode zum richtigen Zeitpunkt einzusetzen. Machen Sie sich anhand der folgenden Fragen Gedanken über die aktuelle Situation Ihrer Arbeitsgruppe:

▸ **Welche offizielle Struktur hat die Gruppe?**
Wer lädt ein? Wer leitet die Gruppe? In welches Gesamtsystem ist die Gruppe eingebunden (handelt es sich z. B. um eine Untergruppe)?

▸ **Welche inoffizielle Struktur hat die Gruppe?**
Wer hat am meisten zu sagen? Wer spielt welche Rolle? Wer ist Außenseiter? Wer ist still? Welche Untergruppen / Cliquen existieren in der Gruppe?

▸ **Welche Geschichte hat die Gruppe?**
Welche Konflikte gab es oder gibt es? Welche Arbeitsprozesse waren befriedigend, welche nicht? Welche Methoden haben in der Vergangenheit gut funktioniert? Welche weniger?

▸ **Welche Themen interessieren die Gruppe?**
Welche Themen sind leicht zu bearbeiten? Wo ist mit Blockaden zu rechnen?

Orientierung an den einzelnen Teilnehmern

Als letzten Schritt der vorbereitenden Überlegungen zu einer Methodenwahl geht der Blick auf die einzelnen Teilnehmer der Gruppe:

▶ Wer hat welchen offiziellen Status?
▶ Wer hat welchen inoffiziellen Status?
▶ Wer ist mir vertraut, wer gut bekannt?
▶ Wen möchte ich fördern? Wen muss ich bremsen?
▶ Bei welchen Teilnehmern liegen verdeckte Ressourcen und Potenziale, die es freizusetzen lohnt?

Die drei Dimensionen einer geeigneten Methode

Die Auswahl der Methode sollte immer nach drei Kriterien erfolgen, bzw. jede Methode sollte drei Dimensionen enthalten:

1. Etwas Bekanntes
→ um die Teilnehmer mit etwas Vertrautem abzuholen

2. Etwas Neues
→ um kreative Prozesse möglich zu machen

3. Etwas Überraschendes
→ um die Teilnehmer zu wecken, zu motivieren oder zu verwirren (im positiven Sinne)

Zusammenfassung

Als Ergebnis der Frage nach einer guten Methodenwahl lässt sich sagen, dass es keine guten und keine schlechten Methoden gibt. Ein sinnvoller Methodeneinsatz ist gekennzeichnet durch eine Methode, die im Moment ihres Einsatzes zur **Situation der Gruppe** (Gruppenorientierung) und zu den **Anforderungen des Themas** (Themenorientierung) passt.

Auf den folgenden Seiten stelle ich Ihnen exemplarische, in der Praxis erprobte Methoden vor, die Arbeitsgruppen die Bearbeitung von inhaltlichen Fragestellungen ermöglichen. Dabei ist allen Methoden das Folgende gleich: sie erfordern keinen umfangreichen Vorbereitungs- und Materialaufwand und können auch von weniger geübten Menschen durchgeführt werden.

Allerdings sind die vorgestellten Methoden nur ein winziger Ausschnitt dessen, was es gibt. In Hunderten von Büchern und Arbeitshilfen werden diese vorgestellt.

Ich empfehle denen unter Ihnen, die regelmäßig Methoden in der Gremienarbeit einsetzen möchten, die Zusammenstellung einer eigenen Methodensammlung. Ich habe eine eigene Methodensammlung mit vielen hundert erprobten Methoden, aber das ist eben meine Sammlung. Sie passt zu mir und meinem Arbeitsstil. Sie brauchen vielleicht völlig andere Methoden – passend zu Ihnen und Ihren Gremien.

Noch ein Hinweis zu den beschriebenen Methoden

Sie sind allesamt aus meiner Trainings- und Beratungspraxis entstanden. Ich habe Methoden selbst erlebt und diese dann immer weiter verändert und optimiert. Aus diesem Grund ist es mir nicht möglich, die Quellen dieser Methoden anzugeben. Sie stellen einen Querschnitt aus meiner Praxis dar und entstammen nicht theoretischen Methodensammlungen. Ich danke allen Kollegen und Teilnehmern meiner Seminare und Beratungsprojekte für die vielfältigen Anregungen.

6.2 Methoden zum Einstieg in die Arbeit

6.2.1 Kugellager

Eine Methode für einen abwechslungsreichen Einstieg in „neue" Arbeitsgruppen

Eine sehr lebendige Methode – und auch geeignet für größere Gruppen – ist das Kugellager. Hierzu stellen Sie in Ihrem Sitzungsraum zwei Stuhlkreise, einen Innenkreis und einen Außenkreis, auf. In beiden Kreisen stehen gleich viele Stühle. Die Stühle werden so ausgerichtet, dass sich die beiden Kreise „gegenüber" stehen. Jeder nimmt nun auf einem Stuhl Platz und sitzt vor seinem Gegenüber. Es bilden sich also Paare.

Sie stellen nun Fragen, zu denen sich die Teilnehmer, die sich gegenüber sitzen, eine Minute austauschen sollen. Nach einer

Minute rückt der Innenkreis einen Platz nach rechts, so dass sich neue Paare bilden, die sich wiederum zu einer neuen Frage austauschen. Bei kleinen Gruppen kann man so lange spielen, bis sich alle möglichen Konstellationen gebildet haben. Bei größeren Gruppen spielen Sie eine bestimmte Zeit, ich empfehle Ihnen 15 Minuten.

Mögliche Fragen für ein Kugellager zum Einstieg in neue Arbeitsgruppen:
Wie war Ihr letzter Geburtstag?
Was war das schönste Geschenk, das Sie bekommen haben?
Was halten Sie von unserer Bundesregierung?
Wie war Ihr letzter Urlaub?
Was sind Ihre Hobbys?
Was war Ihr schönster Lustkauf?
Beschreiben Sie Ihre Familie.
Beschreiben Sie Ihre Wohnung.
Beschreiben Sie Ihr größtes Laster.
Welche ist Ihre Lieblingssendung im TV?
Welche ist Ihre liebste Internetadresse?

Sie erreichen mit dieser Methode, dass viele Gruppenmitglieder miteinander ins Gespräch kommen und viel voneinander erfahren. Die Methode ist eine gute Alternative zu ermüdenden Vorstellungsrunden.

Alternative: Sie können in diesem Spiel statt allgemeinen Themen auch Fragen einbringen, die sich bereits auf die Sitzung beziehen.

6.2.2 Postkarten-Galerie
Methode zum kreativen Einstieg in „alte" Arbeitsgruppen

Die Methode „Postkarten" ist eine in der Praxis bewährte Technik zum Einstieg in eine Arbeitssitzung. Stellen Sie eine Galerie aus Postkarten oder kleinen Bildern zusammen. Achten Sie bei den Motiven weniger darauf, besonders schöne Motive zusammenzustellen. Wichtiger ist, dass die Karten die Teilnehmer anregen, Stimmungen und Gefühle auszudrücken. Eine Mischung aus Landschaften, Gebäuden, Pflanzen und Tieren ist sinnvoll.

Postkarten-Galerie

Stellen Sie den Teilnehmern nun die Frage zum Einstieg in die Sitzung. Beispielsweise „Welche Erwartungen habe ich an das heutige Treffen?" oder „In welcher Stimmung komme ich heute hier an?"

Die Teilnehmer können sich nun ein Motiv aussuchen, das am besten Ihre Erwartungen oder Stimmungen ausdrückt. In einer Runde stellt jeder kurz (!) dar, warum er welches Motiv ausgesucht hat.

Diese Methode eignet sich ebenfalls am Ende von Sitzungen, um über die Gegenstände ein Stimmungsbild einzuholen.

Coming-in-Runde

6.2.3 Coming-in-Runde
Eine Methode zum Einstieg in Sitzungen für Arbeitsgruppen, die lange zusammenarbeiten

In Gremien oder Arbeitsgruppen, die über einen längeren Zeitraum zusammenarbeiten, hat sich die Methode der Coming-in-Runde bewährt. Ziel dieser Methode ist es, ein Stimmungsbild in einer Gruppe zum Einstieg in die Arbeit sichtbar zu machen.

In einer Runde (ähnlich einem Blitzlicht) äußern sich alle Teilnehmer zu Fragestellungen, wie zum Beispiel:
▶ Wie komme ich hier an?
▶ In welcher Stimmung bin ich?
▶ Was erwarte ich von den anderen?
▶ Was brauche ich, um heute gut arbeiten zu können?

Aufbauend auf ein solches Stimmungsbild ist ein bewusster Umgang miteinander möglich. Die Teilnehmer verstehen einander, sie können Rücksicht aufeinander nehmen und auf die Bedürfnisse der Einzelnen eingehen.

Zum Beispiel: Benennen in der Coming-in-Runde in einer Abendsitzung mehrere Teilnehmer, dass sie einen anstrengenden Tag hatten und sich müde fühlen, so kann die Gruppe darauf mit mehr Pausen oder einer verkürzten Tagesordnung reagieren.

Alternative: Als Alternative oder Ergänzung kann die Coming-in-Runde auch als Comin-out-Runde, z.B. zur Frage „Mit welchem Gefühl gehe ich hier weg?" genutzt werden. Dann wird die Methode zur Reflexionsmöglichkeit. **Coming-in-Runde**

6.2.4 Wunderkoffer Wunderkoffer
Ein schwungvoller Einstieg – auch zum kreativen Spinnen von Ideen geeignet

Der „Wunderkoffer" ist eine tolle Methode zum Einstieg in Gremiensitzungen. Ziel der Methode „Wunderkoffer" ist es, über ungewöhnliche Gegenstände bei den Teilnehmern Assoziationen hervorzurufen. Die Gegenstände befinden sich in einem Koffer oder einer Kiste. Das Behältnis sollte schön aussehen und die Teilnehmer ästhetisch ansprechen. In dem Koffer befindet sich eine Sammlung von interessanten kleineren Gegenständen. Durchforsten Sie hierzu doch mal Ihren Speicher oder Keller oder fragen Sie Freunde. Nehmen Sie Gegenstände wie Vasen, kleine Bücher, Stoffstücke, Federn, Steine oder Muscheln. Der Kreativität sind hier keine Grenzen gesetzt.

Stellen Sie den Teilnehmern nun beispielsweise die Frage: „In welcher Stimmung komme ich heute hier an?"

Die Teilnehmer können sich nun Gegenstände aussuchen und ihre Assoziationen zur Frage ausdrücken.

Diese Methode eignet sich ebenfalls am Ende von Sitzungen, um über die Gegenstände ein Stimmungsbild einzuholen.

6.2.5 Zwei-Ecken-Spiel Zwei-Ecken-Spiel
Eine Methode zum Kennenlernen – nicht nur für neue Gruppen, sondern auch für große

Eine gute Methode zum Einstieg in größere Arbeitsgruppen ist das Zwei-Ecken-Spiel. Es macht keinen Sinn bei einer Arbeitsgruppe von 35 Personen eine persönliche Vorstellungsrunde zu machen. Das Gesagte könnte von den Teilnehmern sowieso nicht behalten werden. Ziel des Zwei-Ecken-Spiels ist es, dass sich die Teilnehmer in Gruppen zu einem bestimmten Merkmal zusammenfinden.

Zwei-Ecken-Spiel

Dabei steht jede Ecke für ein Merkmal. Überlegen sie vorher, welche Eigenschaften in Ihrer Arbeitsgruppe vorhanden und interessant sind. Für einen Durchgang des Spiels empfehle ich Ihnen 7–10 Fragen.

Sie stellen nun den Teilnehmern das Gegensatzpaar vor und jeder muss sich in die Ecke des Raums stellen, die seinem Merkmal zugeordnet ist.

Mögliche Gegensatzpaare sind:
Mann – Frau
Brillenträger – ohne Brille
Vater/Mutter – kinderlos
Angestellter – Selbstständiger
Raucher – Nichtraucher
neu in der Gruppe – schon lange dabei
...

Diese Methode bringt die Gruppe im positiven Sinne durcheinander, sie ist lebhaft und die Teilnehmer bekommen ein Bild von „ihrer" Arbeitsgruppe.

Alternative 1: Sie können auch mehrere Alternativen anbieten, dann wird aus dem Zwei-Ecken-Spiel ein Vier-Ecken-Spiel, z.B. fragen Sie dann nach der Dauer der Zugehörigkeit zur Arbeitsgruppe. Die Gruppierung erfolgt in folgende Ecken: 0–2 Jahre, 3–5 Jahre, 6–8 Jahre, mehr als 8 Jahre.

Alternative 2: Sie lassen sich die Teilnehmer nach einem bestimmten Merkmal in einer Reihe aufstellen, z.B. aufsteigend nach Körpergröße, Dauer der Zugehörigkeit zur Arbeitsgruppe, Geburtsmonat, Geburtsjahr, Schuhgröße ...

6.3 Methoden zur Problemdefinition

6.3.1 Themenspeicher
Eine Methode, damit eine Arbeitsgruppe gute Ideen nicht vergisst

Eine ausgesprochen sinnvolle Art der Sicherung und Visualisierung von Ideen in Arbeitsgruppen ist die Methode des Themenspeichers.

Oft werden in Sitzungen Ideen oder Vorschläge von Teilnehmern genannt, die nicht sofort aufgegriffen oder diskutiert werden können, zum Beispiel, weil sie nicht unmittelbar zum aktuellen Thema passen.

Diese Punkte werden auf einem eigens dafür bereitgehaltenen Plakat festgehalten und eventuell noch mit dem Namen des Nenners versehen.

So wird sichergestellt, dass die Idee nicht verloren geht und dass die Diskussion trotzdem nicht für ein anderes Thema unterbrochen werden muss. Dadurch wird der Sitzungsverlauf entkrampft und der Themenspeicher übernimmt die Funktion des „schriftlichen Gedächtnisses der Gruppe".

Auch derjenige, der eine Idee genannt hat, bekommt so die Sicherheit, dass seine Idee nicht verloren geht und kann sich wieder engagiert dem Sitzungsverlauf zuwenden.

6.3.2 Flussdiagramm

Eine Methode, um Zusammenhänge zu erkennen und Schwachstellen zu identifizieren

Um Prozesse und Abläufe in einer Diskussion transparent zu machen, bietet sich als Methode der Visualisierung und Strukturierung das Flussdiagramm an.

Ich stelle Ihnen die Methode des Flussdiagramms anhand eines Beispiels dar:

Flussdiagramm

Ein Beispiel aus der Praxis

Der Pfarrgemeinderat St. Anna möchte in seiner Sitzung erarbeiten, warum das letzte Gemeindefest organisatorisch ein Reinfall war.

Schritt 1: Die Arbeitsgruppe stellt unsortiert alle Vorbereitungsschritte des Gemeindefestes zusammen. Jeder Arbeitsschritt wird auf einer Moderationskarte festgehalten. Hierbei kann jeder z. B. davon ausgehen, was er selbst getan hat.

Schritt 2: Die Arbeitsgruppe erstellt nun anhand der zeitlichen Dimension ein Flussdiagramm aus den vorhandenen Karten. Dabei werden alle Karten in der Reihenfolge ihrer Bearbeitung aneinandergefügt. Überschneidungen einzelner Vorbereitungsschritte werden gekennzeichnet (z. B. durch rote Blitze). Es empfiehlt sich, unter dieses Flussdiagramm eine Zeitleiste der Vorbereitung zu legen. Das Ergebnis dieses Schrittes ist eine vollständige Übersicht über die gesamte Vorbereitungsarbeit für das Gemeindefest. Achten Sie dabei auf eine großzügige und übersichtliche Darstellung.

Schritt 3: Im dritten Schritt benennen die Teilnehmer der Arbeitsgruppe Kritikpunkte am Gemeindefest. Was hat nicht funktioniert? Was war unbefriedigend? Wieder werden alle Punkte einzeln auf Moderationskarten festgehalten. Wählen sie hierfür eine andere Art von Karten als bei Schritt 1. So garantieren Sie ein übersichtliches Schaubild.

Schritt 4: Im nächsten Schritt ordnen die Teilnehmer der Arbeitsgruppe die einzelnen Schwachstellen den entsprechenden Stellen im Flussdiagramm zu. Beispielsweise wird der Kritikpunkt „Schlechtes Kinderprogramm" neben die Karte des Vorbereitungsschrittes „Kinderprogramm" geheftet. Das Ergebnis ist eine Schwächenanalyse der Vorbereitung des Gemeindefestes.

Schritt 5: Im Abschlussschritt ist es die Aufgabe der Mitglieder der Arbeitsgruppe, die entsprechenden Kritikpunkte zu analysieren und Verbesserungspotenziale zu erkennen.

6.3.3 Sterndiagramm

*Eine Methode, um verschiedene Dimensionen eines Problems
zu analysieren*

Erkennt eine Arbeitsgruppe eine Problemstellung in der Arbeit, so
kann sie mittels des Sterndiagramms den Ursachen der Schwierig-
keit auf den Grund gehen. Dieser Problemanalyseprozess wird in
drei Schritten vollzogen. Am besten lässt sich auch diese Methode
anhand eines Beispiels darstellen:

Ein Beispiel aus der Praxis
Der Pfarrgemeinderat St. Anna überlegt, warum zu den Vor-
tragsabenden im Gemeindesaal immer weniger Menschen
kommen.

Schritt 1:
Im ersten Schritt definiert die Arbeitsgruppe Faktoren, die erfüllt
sein müssen, dass das Angebot angenommen wird:
▸ interessante Themen
▸ kompetente Referenten
▸ ansprechende Ausschreibungen/Ankündigungen
▸ ein ansprechendes Ambiente für die Veranstaltungen
▸ gute Pressearbeit zur Werbung

Schritt 2:
Im nächsten Schritt werden die Faktoren, die für einen Erfolg
der Veranstaltungsreihe sorgen würden, in ein Sterndiagramm
übertragen:

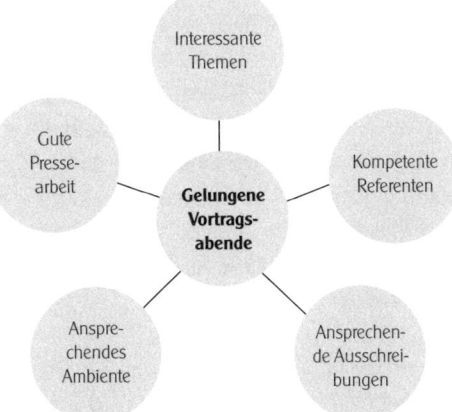

Sterndiagramm · **Schritt 3:**

Im dritten Schritt ermittelt die Arbeitsgruppe (beispielsweise mittels einer Klebepunktabfrage), welche Faktoren wie optimal erfüllt sind. Das Ergebnis wird in das Sterndiagramm übertragen.

Anhand dieses Ergebnisses kann die Arbeitsgruppe nun erkennen, aufgrund welcher Faktoren der Erfolg der Veranstaltungsreihe ausbleibt, und dort Verbesserungspotenziale entwickeln.

Aber Vorsicht: Es handelt sich um subjektive Einschätzungen der Arbeitsgruppe. Manchmal kann es helfen, auch Personen, die nicht Teil der Arbeitsgruppe sind, zu befragen. Damit wird das Bild vollständiger. In unserem Beispiel könnten Besucher der Vortragsabende dazugeholt werden.

Methoden zur Ideensammlung und Problemlösung

6.4 Methoden zur Ideensammlung und Problemlösung

Kartenabfrage/ Clustern

6.4.1 Kartenabfrage/Clustern

Der Klassiker aus dem Bereich der Ideensammlung – für einfache Fragestellungen

Diese Methode bietet sich für viele Sitzungen an. Sie hat das Ziel, von den Teilnehmern einer Sitzung möglichst zügig und umfassend Ideen, Meinungen oder Antworten auf eine klar definierte Fragestellung zu bekommen.

Den Teilnehmern wird eine Frage gestellt. Jeder Teilnehmer schreibt seine Antworten auf Karten, wobei für jede Antwort eine eigene Karte verwendet wird und jede Antwort im besten Fall aus einem Wort, eventuell auch aus einem Halbsatz besteht. Es ist bei dieser Methode denkbar, die Anzahl der Antworten jedes Teilnehmers zu limitieren, indem jeder nur eine bestimmte Anzahl an Karten bekommt. Damit stellen Sie – besonders in großen Arbeitsgruppen – sicher, dass die Ergebnisse übersichtlich bleiben und Sie damit weiterarbeiten können.

Anschließend werden die Antworten für alle sichtbar an eine Metaplanwand geheftet. Vorher sollte der Moderator – insbesondere bei zahlreichen Antwortkarten – noch einen Zwischenschritt gehen: Die erarbeiteten Antworten werden nach Themengebieten sortiert, man nennt dieses Verfahren auch *„Clustern".*

Die einzelnen Antwortgruppen können dann – mit einer entsprechenden Überschrift versehen – an die Pinnwand geheftet werden. So entsteht ein übersichtliches Bild aller Ideen und Antworten der Arbeitsgruppe. Mit Hilfe von Pfeilen, Strichen oder Blitzen können danach Übereinstimmungen, Kontroversen oder inhaltliche Verknüpfungen visualisiert werden. Mit Hilfe des entstandenen Bildes ist eine effektive und zielgerichtete Diskussion der vorhandenen Ideen möglich.

6.4.2 Mindmap
Zum Ideensammeln oder Maßnahmenplanen – geeignet auch für komplexe Fragen

Bei komplexen Fragestellungen kommt die Kartenabfrage schnell an ihre Grenzen, da sich damit Zusammenhänge und unterschiedliche Themenstränge nur sehr bedingt darstellen lassen. Für solche Situationen bietet sich die Methode des Mindmaps an, was übersetzt „Gedächtniskarte" bedeutet.

In die Mitte eines Plakats wird der Begriff geschrieben, um den sich die folgende Arbeitsphase drehen soll.

Ein Beispiel aus der Praxis
Bleiben wir beim Beispiel des Pfarrgemeinderates St. Anna, der die Aufgabe hat, das Gemeindefest vorzubereiten.

Nun nennen die Teilnehmer der Gruppe Stichworte, die ihnen zum Thema einfallen, zum Beispiel „Verpflegung", „Programm" oder „Kinderbetreuung". Für jedes Stichwort wird ausgehend vom zentralen Begriff ein Zweig gezeichnet. Bei Bedarf lassen sich die einzelnen Zweige noch weiter verästeln, um Unterpunkte darzustellen. Es ist bei komplexeren Sachenverhalten auch eine schrittweise Erstellung des Mindmaps denkbar. Dabei werden in mehreren Arbeitsschritten zunächst die Hauptäste, dann die Unteräste erarbeitet.

In unserem Beispiel könnte ein Mindmap so aussehen:

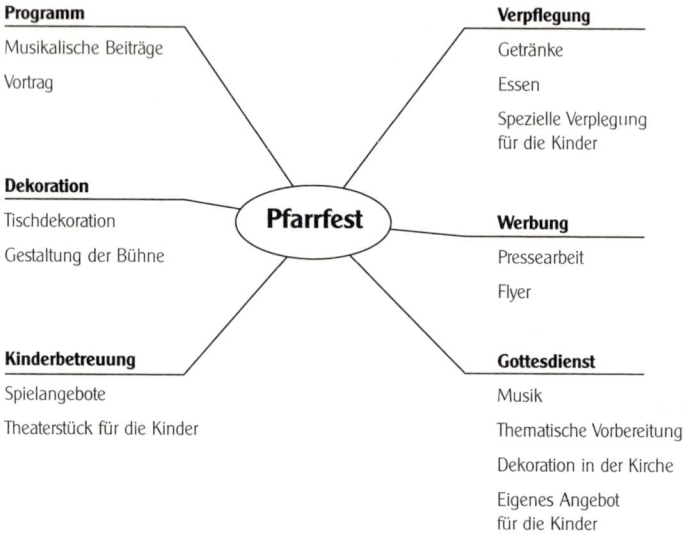

Der Vorteil einer solchen Darstellung ist die Übersichtlichkeit. Eine große Aufgabe wird in kleine Bereiche zergliedert und die Arbeitsgruppe kann sich nun strukturiert den einzelnen Bereichen zuwenden und daran weiterarbeiten.

6.4.3 Schreibgespräch
Ideen sammeln, ohne zu sprechen

Eine kreative und ungewöhnliche Methode um in Themen einzusteigen oder Lösungen auf Fragen zu finden ist das Schreibgespräch: ein Gespräch ohne gesprochene Worte. Am besten lässt sich die Methode anhand eines Beispiels erklären.

Ein Beispiel aus der Praxis
Der Pfarrgemeinderat St. Anna will in seiner Sitzung erarbeiten, wie das nächste Gemeindefest gestaltet werden soll.

Dazu wird der gesamte Themenkomplex in mehrere einzelne Teile zerlegt:
1. Gottesdienst
2. Kulturelles Programm
3. Kinderprogramm
4. Verpflegung

Dann wird jeder Themenkomplex auf einen Flipchart-Bogen geschrieben. Die Teilnehmer bekommen eine bestimmte Zeit (in unserem Beispiel ca. 15 Minuten) und schreiben auf die einzelnen Bögen, was ihnen zu den jeweiligen Themen einfällt. Dabei beachten die Teilnehmer zwei Regeln: Zum einen darf bei dieser Methode nicht gesprochen werden, zum anderen ist es erlaubt, ja erwünscht, dass die Teilnehmer die Ideen der anderen kommentieren – aber eben nur schriftlich. Sie können Zustimmung oder Ablehnung signalisieren, bereits genannte Vorschläge weiterentwickeln oder ergänzen. Am Ende hat die Arbeitsgruppe eine bunte Mischung aus Ideen, aus denen dann – z. B. mittels einer Punktabfrage – Prioritäten gebildet werden können:

6.4.4 Brainstorming

Eine Methode für viele gute Ideen in kurzer Zeit

Das Sammeln von Ideen (Brainstorming) ist eine Methode, die man dann auswählen sollte, wenn es für eine Arbeitsgruppe sinnvoll ist, eine möglichst große Vielfalt von Ideen zu finden, denn das Brainstorming setzt eher auf Masse statt Klasse. Die inhaltliche Bewertung der einzelnen Ideen erfolgt später.

Ein Beispiel aus der Praxis
Der Festausschuss des Pfarrgemeinderats St. Anna sucht in seiner Sitzung Ideen zur Frage: „Wie soll das diesjährige Pfarrfest gestaltet werden?"

Das Brainstorming läuft so ab, dass alle Teilnehmer der Arbeitsgruppe wild und unstrukturiert ihre Ideen in den Raum rufen und einer (am besten der Moderator) alles auf einem Flipchart (also für alle sichtbar) dokumentiert. Dabei sollten sich die Teilnehmer nicht melden, sondern ihre Ideen einfach in den Raum rufen. Nur wenn eine Gruppe sehr groß ist, ist das Melden per Handzeichen sinnvoll.

Für diese Methode gelten vier Regeln, auf die der Moderator (bei der ersten Anwendung dieser Methode auf jeden Fall, später bei Bedarf) ausdrücklich hinweisen sollte:

Brainstorming

1. Jede Idee ist erlaubt!
2. Andere Ideen können aufgegriffen und weiterentwickelt werden!
3. Keine Kritik oder Killerphrasen!
4. Quantität vor Qualität!

Im Anschluss werden die Ideen sortiert, priorisiert und konkretisiert, dazu mehr in den folgenden Methoden.

Kopfstand-Brainstorming

6.4.5 Kopfstand-Brainstorming
Eine Methode, um Ideen zu sammeln, wenn einer Gruppe mal nichts einfällt

Eine Variante des beschriebenen klassischen Brainstormings ist das Kopfstand-Brainstorming. Die Schlüsselfrage, mit der sich die Arbeitsgruppe beschäftigen möchte, wird nun „auf den Kopf gestellt" und damit in ihr inhaltliches Gegenteil verkehrt. Die Teilnehmer der Arbeitsgruppe suchen Ideen, wie man genau das Gegenteil von dem erreichen kann, was man eigentlich erreichen möchte.

Ein Beispiel aus der Praxis
Der Pfarrgemeinderat St. Anna sucht in seiner Sitzung Ideen zur Frage: „Wie können wir die Zahl der Gottesdienstbesucher erhöhen?"

Diese Frage wird nun ins Gegenteil verkehrt: „Wie können wir es erreichen, dass noch viel weniger Menschen in unsere Gottesdienste kommen?"

Diese Methode ist eine gute Alternative zum klassischen Brainstorming und erzeugt oft ungewöhnliche Perspektiven für festgefahrene Situationen.

Der Moderator macht zunächst einen Vorschlag, wie die Kopfstand-Schlüsselfrage lauten könnte. Wenn diese Kopfstand-Schlüsselfrage akzeptiert ist, dann gibt der Moderator das Startsignal für die Ideensammlung, die er wiederum auf einem Flipchart protokolliert wird. Es gelten die gleichen vier Regeln wie beim klassischen Brainstorming.

Eine Möglichkeit der Weiterarbeit mit den Ergebnissen ist es,
alle Ideen wieder „auf die Beine" zu stellen.

Zum Beispiel: Als Idee auf die Frage wurde genannt: „Die Musik
im Gottesdienst muss sich schrecklich anhören". Wieder umge-
kehrt, „auf die Beine gestellt", bedeutet die Idee: „Wir brauchen
attraktive und abwechslungsreiche Musik in unseren Gottesdiens-
ten." Ich habe in der Praxis oft erlebt, dass bei dieser Methode
ungewöhnliche Ideen entstanden sind.

6.5   Methoden zur Maßnahmenplanung

6.5.1 Entscheidungsmatrix
*Eine Idee, um demokratisch Entscheidungen zu treffen –
auch bei vielschichtigen Fragen*

Die Entscheidungsmatrix ist eine sinnvolle Methode, um möglichst
objektiv und demokratisch Meinungen darzustellen und Entscheidungen zu treffen – und das auch bei komplexeren Fragestellungen.
Am leichtesten ist die Entscheidungsmatrix anhand eines konkreten Beispiels darzustellen:

Ein Beispiel aus der Praxis
Der Pfarrgemeinderat St. Anna beschäftigt sich mit dem
Zustand des Gemeindezentrums. Das Haus ist in schlech-
tem Zustand, deshalb ist eine Entscheidung zu treffen,
wie die Situation verbessert werden kann. Dazu bieten
sich zwei verschiedene Möglichkeiten:

Sanierung des Gebäudes
oder
Abriss und Neubau

1. Schritt:
Zuerst definiert die Arbeitsgruppe die Anforderungen an ein
neues oder saniertes Gemeindezentrum. Diese Kriterien können
mittels eines Brainstormings oder einer Kartenabfrage erarbeitet
werden.

Wir gehen in unserem Beispiel von fünf Kategorien aus:
1. möglichst niedrige Kosten
2. moderne, multifunktionale Räume
3. ein schönes Äußeres
4. Gestaltung des Außengeländes
5. ein großer Saal

2. Schritt:

Im zweiten Schritt legt die Arbeitsgruppe fest, welches Kriterium welche Bedeutung im Entscheidungsprozess bekommen soll. Beispielsweise kann die Frage nach möglichst geringen Kosten wichtiger sein als das schöne Äußere des Gebäudes. Diesen Arbeitschritt kann die Arbeitsgruppe z. B. durch Bepunkten der einzelnen Kriterien erledigen. Dadurch bekommt jedes Entscheidungskriterium einen Faktor, der die Bedeutung des einzelnen Kriteriums im Entscheidungsprozess darstellt. In unserem Beispiel reicht die Skala von „Faktor 1 = weniger bedeutend" bis „Faktor 3 = sehr bedeutend".

Die Gruppe einigt sich auf folgende Faktoren in den einzelnen Kriterien:
▶ möglichst niedrige Kosten   Faktor 3
▶ moderne, multifunktionale Räume   Faktor 2
▶ ein schönes Äußeres   Faktor 1
▶ Gestaltung des Außengeländes   Faktor 1
▶ ein großer Saal   Faktor 2

3. Schritt:

Im dritten Schritt wird dann die eigentliche Entscheidungsmatrix erstellt. Die einzelnen Teilnehmer der Arbeitsgruppe kleben nun zu jedem Kriterium einen Punkt in die Spalte (Sanierung oder Abriss), die bezogen auf das Kriterium den besseren Erfolg brächte. Die Anzahl der geklebten Punkte in jedem Feld wird dann mit dem zugeordneten Faktor multipliziert. Wir gehen bei unserem Beispiel von 16 Teilnehmern aus, das heißt, zu jedem Kriterium werden 16 Punkte geklebt. Jeder Teilnehmer bekommt also entsprechend der Anzahl der zu bewertenden Kriterien fünf Klebepunkte.

Das Ergebnis könnte in unserem Beispiel dann so aussehen:

Anforderung	Faktor	Variante 1	Summe	Variante 2	Summe
1. möglichst niedrige Kosten	3	10×3	30	6×3	18
2. moderne, multifunktionale Räume	2	2×2	4	14×2	28
3. ein schönes Äußeres des Hauses	1	8×1	8	8×1	8
4. Gestaltung des Außengeländes	1	14×1	14	2×1	2
5. ein großer Saal	2	3×2	6	13×2	26
Gesamtergebnis			**62**		**82**

Variante 1: Sanierung des Gebäudes
Variante 2: Abriss und Neubau des Gebäudes

Damit wäre in unserem Beispiel mit Hilfe der Entscheidungsmatrix die Entscheidung zu Gunsten der 2. Variante (Abriss und Neubau des Gebäudes) gefallen, da dieser Vorschlag mehr Stimmen bekommen hat als der Konkurrenzvorschlag. Zu bedenken bei dieser Variante ist die Tatsache, dass es sich hier nicht um einstimmige Entscheidungen handelt, was in der Gremienarbeit eigentlich anzustreben ist. Aber manchmal ist das eben nicht möglich.

6.5.2 Problem-Analyse-Schema
Themen intensiv bearbeiten und gründliche Lösungen finden

Mit Hilfe dieser Methode können Sie Probleme gründlich durch-
leuchten, Ursachen für Schwierigkeiten finden und Lösungsansätze
erarbeiten, um mit dem Problem umzugehen.

Ein Beispiel aus der Praxis
Der Pfarrgemeinderat St. Anna überlegt in einer Sitzung,
warum die Mitglieder der Arbeitsgruppe nach Sitzungen
oft Unzufriedenheiten äußern.

Der Arbeitsgruppe wird folgendes Schema vorgestellt:

	Wie äußert sich das Problem?	Welche Ursachen stecken dahinter?	Was könn-ten wir tun?	Welche Schwierigkei-ten könnte es geben?
1.				
2.				
3.				

Der Moderator fordert die Teilnehmer auf, sich zur 1. Frage (1. Spalte)
zu äußern und Faktoren zu nennen, die zur Unzufriedenheit der
Teilnehmer führen. Diese werden in die erste Spalte eingetragen.
Dann werden die Fragen der 2. und 3. Spalte beantwortet, so lange,
bis alle Felder gefüllt sind. So bekommen die Teilnehmer in kurzer
Zeit einerseits einen guten Überblick über die Facetten des Pro-
blems und haben andererseits auch direkt Lösungsansätze an der
Hand, die im Anschluss weiter diskutiert werden können.

Das Ergebnis könnte dann so aussehen:

	Wie äußert sich das Problem?	Welche Ursachen stecken dahinter?	Was könnten wir tun?	Welche Schwierigkeiten könnte es geben?
1.	Die Sitzungen dauern zu lange	Schlechte Vorbereitung der Sitzungen	**Vorbereitungsteam gründen**	Mangelnde zeitliche Ressourcen der Einzelnen, in einer solchen Arbeitsgruppe mitzuarbeiten
2.	Die Atmosphäre ist nicht ansprechend	Keiner kümmert sich um ein schönes Ambiente	**Getränke besorgen, schönen Raum aussuchen, Impuls zum Einstieg vorbereiten**	Ist mit hohem Aufwand verbunden
3.	Die Sitzungen sind chaotisch	Die Moderation ist überfordert	**Einen externen Moderator holen**	Ist mit hohen Kosten verbunden

Mit einer so übersichtlichen und inhaltlich logischen Darstellung der Ergebnisse lässt es sich prima weiterarbeiten.

6.6 Methoden zum Reflektieren

6.6.1 Blitzlicht
Methode zur schnellen persönlichen Auswertung von Sitzungen

Das Blitzlicht ist wohl der Klassiker unter den Reflexionsmethoden. Die Teilnehmer einer Arbeitsgruppe äußern sich am Ende einer Sitzung zu einer Frage. Jeder antwortet so knapp wie möglich.

Blitzlicht

Entscheidend ist, dass die gemachten Äußerungen weder kommentiert noch diskutiert werden, sondern einfach im Raum stehen bleiben. Dadurch entsteht ein schönes Stimmungsbild in einer Arbeitsgruppe.

Mögliche Fragen für ein Blitzlicht könnten sein:
▸ Wie zufrieden sind Sie mit der Zusammenarbeit der Teilnehmer während der Sitzung?
▸ Wie zufrieden sind Sie mit den Ergebnissen, die auf der Sitzung erzielt wurden?
▸ Wie zufrieden sind Sie mit dem Verhältnis von Zeitaufwand und Ergebnissen dieser Sitzung?

Variante: **Drei Adjektive**
Hat eine Arbeitsgruppe schon sehr oft mit Hilfe des „Blitzlichts" reflektiert, freuen sich die Teilnehmer über eine Variante dieser Methode: Jeder soll die gestellte Frage ausschließlich mit drei Adjektiven beantworten. Als Beispiel kann dann die Frage „Wie zufrieden sind Sie mit der Atmosphäre auf dieser Sitzung?" beantwortet werden mit: „heiter", „beschwingt", „leicht". Was auf den ersten Blick etwas skurril wirken mag, wird bei praktischer Erprobung aussagekräftige Stimmungsbilder liefern.

Ein-Punkt-Abfrage

6.6.2 Ein-Punkt-Abfrage
Auswertung – schnell und einfach

Diese Methode ist eine einfache Form des Einholens von Feedback. In der Ein-Punkt-Abfrage können sich die Teilnehmer schnell und übersichtlich zu zwei verschiedenen Fragestellungen äußern. Auf jeder der beiden Achsen im Schaubild steht eine Frage, die durch die Teilnehmer mittels eines Klebepunktes beantwortet wird. Aus dem Ergebnis dieser Methode lässt sich unmittelbar und einfach die Situation in der Arbeitsgruppe – bezogen auf die beiden Fragen – ablesen.

Ein Beispiel aus der Praxis
In unserem Beispiel reflektiert der Pfarrgemeinderat St. Anna über seine Sitzung.

Zu diesen beiden Fragen entsteht hier ein einfaches, aber aussagekräftiges Stimmungsbild.

6.6.3 Plus-Minus-Liste
Ebenfalls: Auswertung – schnell und einfach

Zunächst wird ein Flipchart in der folgenden Form vorbereitet:

Der Sitzungsleiter sammelt dann auf Zuruf – ähnlich wie bei einem einfachen Brainstorming – positive und negative Aussagen der Teilnehmer zur Arbeitssitzung. Diese werden unkommentiert aufgeschrieben. Entweder man belässt es bei dem entstandenen Stimmungsbild oder aber man verfährt weiter wie in der Methode des Schreibgesprächs, diskutiert die einzelnen Punkte oder sucht nach Veränderungspotenzialen.

6.6.4 Auswertungszielscheibe
Auswertung – schnell und differenziert

Mit welchen Punkten sind die Teilnehmer einer Arbeitssitzung zufrieden? Welche Methoden kamen gut an? Was ging daneben? Mit der Auswertungszielscheibe bekommen Sie einen guten und schnellen Überblick über viele verschiedene Aspekte einer Arbeitssitzung.

Eine Zielscheibe wird auf ein großes Metaplanplakat gemalt und mit den verschiedenen Aspekten, zu denen Sie eine Rückmeldung erhalten möchten, versehen. Dazu teilen Sie die Zielscheibe in genau so viele Elemente, wie Sie Themen abfragen möchten. Die Zielscheibe sieht dann also aus wie ein Kuchen.

> **Ein Beispiel aus der Praxis**
> In unserem Beispiel geht es wieder im die Reflexion der Sitzung des Pfarrgemeinderates St. Anna.

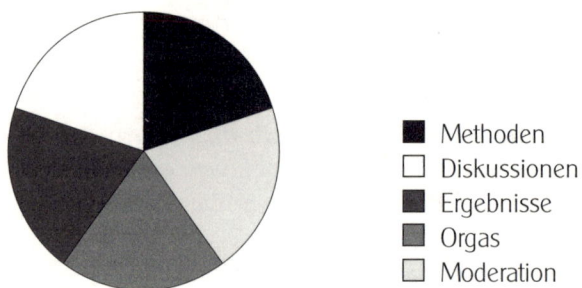

■ Methoden
□ Diskussionen
■ Ergebnisse
■ Orgas
□ Moderation

Jeder Teilnehmer bekommt nun so viele Klebepunkte, wie Themen abgefragt werden. Ist er mit dem abgefragten Kriterium, z. B. der Moderation, sehr zufrieden, klebt er einen Klebepunkt zu dieser Frage auf das entsprechende Feld ganz in die Mitte der Zielscheibe. Ist er mit dem Kriterium sehr unzufrieden, klebt er den Punkt ganz nach außen. Es gilt also:

Nahe des Mittelpunkts   → Zufriedenheit
Weit außen   → Unzufriedenheit

Im Gegensatz zur einfachen Methode der Ein-Punkt-Abfrage bietet die Zielscheibe die Möglichkeit, differenziertere Meinungen einzuholen und damit evtl. weiterzuarbeiten.

6.6.5 Clustern

Auswerten – gründlich und übersichtlich

Bei dieser Auswertungsmethode erstellt die Sitzungsleitung eine Chronik des Treffens auf einem Flipchartbogen. Anhaltspunkt hierfür ist die Tagesordnung. Dennoch sollte die Sammlung – am besten gemeinsam mit den Teilnehmern – erst am Ende der Sitzung erfolgen, da es oft vorkommt, dass die vorbereitete Agenda nicht dem tatsächlichen Ablauf der Sitzung entspricht. Es ist sinnvoll, hier zwischen den inhaltlichen Themen und den angewandten Methoden zu unterscheiden. Anschließend bekommen die Teilnehmer Klebepunkte in zwei Farben. Es empfiehlt sich, den Teilnehmern ca. halb so viele Klebepunkte zu geben, wie Elemente auf dem Flipchart stehen. Die Teilnehmer haben jetzt die Möglichkeit, mittels ihrer Klebepunkte ihre Zufriedenheit oder Unzufriedenheit zu einzelnen Methoden zu äußern, wobei eine Farbe für positives und die andere Farbe für negatives Feedback steht. So bekommt die Gruppe einen guten Überblick über die Akzeptanz der einzelnen Inhalte und Methoden.

Ein Beispiel aus der Praxis
In unserem Beispiel – der Pfarrgemeinderat St. Anna reflektiert noch immer über seine Sitzung – wurden die unterschiedlichen Farben durch unterschiedliche Symbole ersetzt.

Das Ergebnis könnte so aussehen:

Inhalte der Arbeitssitzung	
Beratungen zu TOP 3 „Jahresplanung 2007"	+ + + + + + – – –
Beratungen zu TOP 5 „Renovierung der Kirche"	+ + + + – – – – –
Methoden der Arbeitssitzung	
Kleingruppenarbeiten zu TOP 3 „Jahresplanung 2007"	+ + + + + + + + –
Präsentation zu TOP 5 „Renovierung der Kirche"	+ + + + + – – – –

6.6.6 Evaluationsbogen
*Methode zur standardisierten, langfristigen Auswertung
und Evaluation von Gremienarbeit*

Für Arbeitsgruppen, die über eine lange Zeit zusammenarbeiten,
ist eine langfristige, standardisierte Auswertungsmethode hilfreich.
Dafür wird ein Fragebogen entwickelt, der am Ende jedes Arbeits-
treffens von den Teilnehmern ausgefüllt wird. Werden die Fragebogen – z. B. nach zehn Sitzungen – ausgewertet, bekommt die
Arbeitsgruppe ein umfassendes Bild ihrer Gremienkultur und kann
über Veränderungen diskutieren. Bei dieser Methode sei noch
darauf hingewiesen, dass sie mit einigem Auswertungsaufwand
verbunden ist.

Ein Fragebogen zur langfristigen Evaluation kann beispielsweise so
aussehen:

Sitzung:				
Sitzungstermin:		**Sitzungsort:**		
Ich bin ○ weiblich ○ männlich				

1. Wie beurteilen Sie die Inhalte und die erzielten Ergebnisse dieser Sitzung?

Sehr positiv	Überwiegend positiv	Teils positiv, teils negativ	Überwiegend negativ	Sehr negativ
○	○	○	○	○

2. Wie beurteilen Sie die angewandten Methoden auf dieser Sitzung?

Sehr positiv	Überwiegend positiv	Teils positiv, teils negativ	Überwiegend negativ	Sehr negativ
○	○	○	○	○

3. Wie beurteilen Sie die Moderation dieser Sitzung?

Sehr positiv	Überwiegend positiv	Teils positiv, teils negativ	Überwiegend negativ	Sehr negativ
○	○	○	○	○

**4. Wie beurteilen Sie das Verhältnis von Zeitaufwand und Ergebnissen
auf dieser Sitzung?**

Sehr positiv	Überwiegend positiv	Teils positiv, teils negativ	Überwiegend negativ	Sehr negativ
○	○	○	○	○

5. **Wie beurteilen Sie die Zusammenarbeit der Teilnehmerinnen und Teilnehmer auf dieser Sitzung?**

Sehr positiv	Überwiegend positiv	Teils positiv, teils negativ	Überwiegend negativ	Sehr negativ
○	○	○	○	○

6. **Wie beurteilen Sie Raum und Ambiente auf dieser Sitzung?**

Sehr positiv	Überwiegend positiv	Teils positiv, teils negativ	Überwiegend negativ	Sehr negativ
○	○	○	○	○

7. **Wie beurteilen sie das Rahmenprogramm dieser Sitzung?**

Sehr positiv	Überwiegend positiv	Teils positiv, teils negativ	Überwiegend negativ	Sehr negativ
○	○	○	○	○

8. **Wie konnten Sie Ihre Anliegen in die Sitzung einbringen?**

Sehr positiv	Überwiegend positiv	Teils positiv, teils negativ	Überwiegend negativ	Sehr negativ
○	○	○	○	○

9. **Was gefiel Ihnen besonders gut?**

10. **Was fanden Sie ärgerlich, nicht gut, unbefriedigend?**

11. **Welche Verbesserungsvorschläge haben Sie?**

12. **Wie beurteilen Sie diese Sitzung insgesamt?**

Sehr positiv	Überwiegend positiv	Teils positiv, teils negativ	Überwiegend negativ	Sehr negativ
○	○	○	○	○

Kapitel 7: Für eilige Leser: zweimal zehn goldene Regeln für effektive Sitzungen

Zum Schluss möchte ich Ihnen als Zusammenfassung – oder aber für die eiligen Leser unter Ihnen – noch mal das Wichtigste bündeln, damit ihre Gremienarbeit gelingt.

7.1 Zehn goldene Regeln für Moderatoren von Arbeitssitzungen

1. Bereiten Sie sich gewissenhaft auf Sitzungen vor!
Nachlässig vorbereitete Sitzungen sorgen für unzufriedene und frustrierte Teilnehmer. Für die Zeit, die Sie in die Vorbereitung investieren, werden Sie mit zufriedenen Teilnehmern und guten Ergebnissen belohnt.

2. Sorgen Sie für geklärte Rollen!
Stellen Sie in der Arbeitsgruppe zu Beginn Ihrer Moderation Ihre Rolle dar, damit keine Missverständnisse entstehen. Inhaltliche Neutralität und personenbezogene Unparteilichkeit sind die Stichworte für Ihre Rolle als Moderator.

3. Sorgen Sie für klare Ziele und gemeinsame Visionen!
Denn ohne gemeinsam erarbeitete Ziele wird die Gremienarbeit ziellos. Nehmen Sie sich für die Zielvereinbarung viel Zeit und sorgen Sie dafür, dass alle daran mitarbeiten. Dadurch haben Sie später alle im Boot.

4. Sorgen Sie für klare und akzeptable Regeln der Zusammenarbeit!
Neben der Zielvereinbarung ist die Erarbeitung von Regeln für das gemeinsame Miteinander eine wichtige Aufgabe am Beginn einer Zusammenarbeit. Denken sie daran: Die Zeit, die Sie hier investieren, werde Sie im weiteren Verlauf doppelt und dreifach einsparen, weil Sie sich lästige Diskussionen über Arbeitsweise oder Konflikte, die aus ungeklärten Spielregeln entstehen, ersparen.

5. Sorgen Sie für eine offene und klare Kommunikation!

Es ist Ihre Aufgabe als Moderator, den Gruppenprozess in den Blick zu nehmen. Sorgen Sie für klare Verhältnisse: Benennen Sie Konflikte, fordern Sie stille Mitarbeiter heraus, kurz – tun Sie alles, um das vollständige Potenzial der Gruppe abzurufen.

Zehn goldene Regeln für Moderatoren von Arbeits-sitzungen

6. Seien Sie flexibel im Umgang mit Unvorhergesehenem!

Klammern Sie sich nicht starr an Tagesordnung und Methoden. Seien Sie flexibel und dynamisch. Manchmal erfordern unerwartete Situationen andere Methoden, als die vorbereiteten. Es ist Ihre Aufgabe, situationsbezogen zu reagieren.

7. Strukturieren Sie Arbeitsprozesse!

Sorgen sie mit geeigneten Methoden für einen kurzweiligen und strukturierten Ablauf einer Arbeitssitzung. Damit erreichen Sie bestmögliche Ergebnisse in kürzester Zeit.

8. Sorgen Sie für gute Arbeitsbedingungen!

Das Ambiente, die Belüftung, die Verpflegung, ausreichende Pausen – eben einfach eine ansprechende Atmosphäre –, das trägt erheblich zu gelungenen Arbeitssitzungen bei.

9. Visualisieren Sie Ergebnisse!

Der Mensch hat mehr Sinne als das Gehör. Nutzen Sie auch andere Sinneskanäle, um Sitzungen zum Erfolg zu führen. Visualisieren Sie Ergebnisse, arbeiten Sie hierbei übersichtlich und liebevoll.

10. Sie sind für die anderen da!

7.2 Zehn goldene Regeln für Teilnehmer an Arbeitssitzungen

1. Überlegen Sie, warum Sie teilnehmen!

Sitzungen, bei denen sie nicht wissen, warum Sie dabei sind, sind verlorene Zeit. Gehen Sie mit eigenen Zielen in Arbeitssitzungen.

2. Gehen Sie vorbereitet in Sitzungen!

Nur wenn Sie sich gewissenhaft vorbereitet haben, können Sie gut mitarbeiten. Schlecht vorbereitete Teilnehmer verlängern die Sitzung und sind eine Zumutung für die anderen.

3. Arbeiten sie konzentriert!

Arbeiten Sie während der Sitzung engagiert mit, so helfen Sie allen, dass es möglichst schnell geht. Beschäftigen Sie sich nicht mit anderen Dingen, das schadet den Inhalten und ist den anderen Mitarbeitern gegenüber unverschämt.

4. Behalten Sie die Ziele der Arbeitsgruppe im Blick!

Es nicht nur die Aufgabe der Moderation, die formulierten Ziele ständig im Fokus zu halten. Sorgen auch Sie ganz persönlich dafür, dass sich die Arbeitsgruppe nicht verzettelt. Das erhöht Ihre eigene Zufriedenheit und verkürzt Ihren Zeitaufwand – und den der anderen.

5. Kommunizieren Sie klar und präzise!

Vermeiden Sie lange Vorträge, kommen Sie auf den Punkt. Arbeiten Sie gemeinsam mit den anderen an *zügigen Ergebnissen*. Es geht schließlich um die Sache und nicht um Sie. Vermeiden Sie auch nicht Auseinandersetzungen, vertreten Sie ihre Meinung, bleiben Sie aber gelassen.

6. Hören Sie gut zu!

Aktives Zuhören, das Versuchen, den anderen zu verstehen, ist ungemein hilfreich für gute Arbeitsprozesse. Vermeiden Sie Missverständnisse, indem sie Rückfragen stellen und Feedback geben.

7. Bedenken Sie die Folgen einer Sitzung!

Am Ende einer Sitzung steht in der Regel der Maßnahmenplan. Überlegen Sie, welche Aufgaben Sie übernehmen können und wollen. Verzetteln oder übernehmen Sie sich nicht – auch wenn es Anerkennung der anderen bringt.

8. Helfen Sie der Moderation!

Achten Sie auf die Gruppenprozesse, benennen Sie Konflikte und Störungen. Sie helfen so der Moderation, aber auch der gesamten Arbeitsgruppe.

9. Seien Sie zuverlässig!

Halten Sie sich an gemachte Zusagen, machen Sie Ihre „Hausaufgaben" und seien Sie so Vorbild für die „Schlamper" in Ihrer Arbeitsgruppe.

10. Behalten Sie das Wesentliche im Blick!

In diesem Sinne wünsche ich Ihnen viel Erfolg und gute Erfahrungen bei Ihrer Gremienarbeit.

Kopiervorlagen

Organisatorische Vorbereitung

Organisatorische Vorbereitung	
Arbeitsmaterial	Getränke, Snacks
Bestuhlung des Raums	Warm-Up's (Besinnung, Spiel, Lied, Tanz)

Fristen			
Was?	**Bis wann?**	**Verant-wortlich?**	**Erledigt?**
Einladung			
Tagesordnung			
Protokoll			
...			

Checkliste für die Vorbereitung einer Arbeitssitzung

Name der Arbeitsgruppe

Datum der Sitzung	Beginn	Ende	Sitzungsort

Einzuladender Personenkreis (mögliche Teilnehmer)

1.	6.
2.	7.
3.	8.
4.	9.
5.	10.

Gäste und Referenten der Arbeitssitzung

1.	2.

Tagesordnung der Sitzung	Informa-tion?	Beratung?	Entschei-dung?	Dauer?	Verant-wortlich?	TOP-Nr.
1.						
2.						
3.						
4.						
5.						
6.						
7.						
8.						

Welche Unterlagen müssen im Vorfeld verschickt werden?

Nr.	Thema	Zu TOP	Verantwortlicher?
1.			
2.			
3.			
4.			

Protokoll der Sitzung			Seite
Datum der Sitzung	Beginn	Ende	Sitzungsort

Teilnehmer		
1.		6.
2.		7.
3.		8.
4.		9.
5.		10.

Gäste	
1.	2.

TOP	Ergebnisse	**Vereinbarungen zur Weiterarbeit** (Wer? Was? Bis wann?)

Nächste Sitzung	Zeit	Ort
Verteiler des Protokolls	1. alle Teilnehmer 2. ... 3. ...	
Datum, Name und Unterschrift des Protokollführers		

Maßnahmenplan für: vom:

Beschluss	Wer?	Was?	Bis wann?	Mit wem?	Bericht an:	Erledigt?
Projektleiter:						
Projektleiter:						

Entscheidungsmatrix

Anforderung	Faktor	Variante 1	Summe	Variante 2	Summe
1.					
2.					
3.					
4.					
5.					
Gesamt-ergebnis					

Problemanalyse

	Wie äußert sich das Problem?	Welche Ursachen stecken dahinter?	Was könnten wir tun?	Welche Schwierigkeiten könnte es geben?
1.				
2.				
3.				
4.				
5.				

Evaluationsbogen

Sitzung:	
Sitzungstermin:	**Sitzungsort:**
Ich bin ○ weiblich ○ männlich	

1. Wie beurteilen Sie die Inhalte und die erzielten Ergebnisse dieser Sitzung?

Sehr positiv	Überwiegend positiv	Teils positiv, teils negativ	Überwiegend negativ	Sehr negativ
○	○	○	○	○

2. Wie beurteilen Sie die angewandten Methoden auf dieser Sitzung?

Sehr positiv	Überwiegend positiv	Teils positiv, teils negativ	Überwiegend negativ	Sehr negativ
○	○	○	○	○

3. Wie beurteilen Sie die Moderation dieser Sitzung?

Sehr positiv	Überwiegend positiv	Teils positiv, teils negativ	Überwiegend negativ	Sehr negativ
○	○	○	○	○

4. Wie beurteilen Sie das Verhältnis von Zeitaufwand und Ergebnissen auf dieser Sitzung?

Sehr positiv	Überwiegend positiv	Teils positiv, teils negativ	Überwiegend negativ	Sehr negativ
○	○	○	○	○

5. Wie beurteilen Sie die Zusammenarbeit der Teilnehmerinnen und Teilnehmer auf dieser Sitzung?

Sehr positiv	Überwiegend positiv	Teils positiv, teils negativ	Überwiegend negativ	Sehr negativ
○	○	○	○	○

6. Wie beurteilen Sie Raum und Ambiente auf dieser Sitzung?

Sehr positiv	Überwiegend positiv	Teils positiv, teils negativ	Überwiegend negativ	Sehr negativ
○	○	○	○	○

7. Wie beurteilen sie das Rahmenprogramm dieser Sitzung?

Sehr positiv	Überwiegend positiv	Teils positiv, teils negativ	Überwiegend negativ	Sehr negativ
○	○	○	○	○

8. Wie konnten Sie Ihre Anliegen in die Sitzung einbringen?

Sehr positiv	Überwiegend positiv	Teils positiv, teils negativ	Überwiegend negativ	Sehr negativ
○	○	○	○	○

9. Was gefiel Ihnen besonders gut?

10. Was fanden Sie ärgerlich, nicht gut, unbefriedigend?

11. Welche Verbesserungsvorschläge haben Sie?

12. Wie beurteilen Sie diese Sitzung insgesamt?

Sehr positiv	Überwiegend positiv	Teils positiv, teils negativ	Überwiegend negativ	Sehr negativ
○	○	○	○	○

Literaturtipps zum Weiterlesen

Bundesvorstand der Katholischen Landjugendbewegung
Deutschlands e. V.:
Handbuch für die Verbandsarbeit: Gremien gestalten.
Bad Honnef-Rhöndorf, Landjugendverlag, 1997

Clausen, Gisela:
Vorstands- und Gremienarbeit aktiv gestalten.
Ein Praxisbuch für die Arbeit in Vereinen und Verbänden.
Weinheim und Basel, Beltz Verlag, 2002

Gäde, Ernst-Georg/Listing, Silke:
Sitzungen effektiv leiten und kreativ gestalten.
Ein Arbeitsbuch für Leiterinnen und Leiter von Konferenzen
und Besprechungen.
Mainz, Matthias-Grünewald-Verlag, 1996

Hartmann, Martina/Rieger, Michael/Luoma, Marketta:
Zielgerichtet moderieren.
Ein Handbuch für Führungskräfte, Berater und Trainer.
Weinheim und Basel, Beltz Verlag, 1997

Kellner, Hedwig:
Konferenzen – Sitzungen – Workshops effektiv gestalten.
München und Wien, Hanser Verlag, 2000

Kirckhoff, Morgens:
Mind Mapping. Einführung in eine kreative Arbeitsmethode.
Bremen, PLS-Verlag, 1985

Lahninger, Paul:
Leiten – Präsentieren – Moderieren. Arbeits- und Methoden-
buch für Teamentwicklung und qualifizierte Aus- und Weiter-
bildung.
Münster, Ökotopia-Verlag, 1998

Langmaack, Barbara:
Themenzentrierte Interaktion.
Einführende Texte rund ums Dreieck.
Weinheim, Psychologie Verlags Union, 1996

Mahlmann, Regina:
Konflikte managen.
Psychologische Grundlagen, Modelle und Fallstudien.
Weinheim und Basel, Beltz Verlag, 2000

Malorny, Christian/Langner, Marc Alexander:
Moderationstechniken.
München und Wien, Hanser Verlag, 2002

Molcho, Sammy:
Körpersprache.
München, Bassermann-Verlag, 1983

Rabenstein, Reinhold/Reichel, René/Thanhoffer, Michael:
Das Methoden-Set. 5 Bücher für Referenten und Seminarleiter.
Münster, Ökotopia-Verlag, 1985

Schnelle-Cölln, Telse/Schnelle, Eberhard:
Visualisieren in der Moderation. Eine praktische Anleitung
für Gruppenarbeit und Präsentation.
Hamburg, Windmühle Verlag, 1998

Schulz von Thun, Friedemann:
Miteinander reden 1. Störungen und Klärungen.
Reinbek bei Hamburg, Rowohlt Verlag, 1981

Schulz von Thun, Friedemann:
Miteinander reden 2. Stile, Werte und Persönlichkeits-
entwicklung.
Reinbek bei Hamburg, Rowohlt Verlag, 1989

Seifert, Josef W.:
Moderation & Kommunikation. Gruppendynamik und
Konfliktmanagement in moderierten Gruppen.
Offenbach, Gabal Verlag, 1999

Wikner, Ulrike:
Besprechungen moderieren. Top-Tools für effiziente Meetings.
München, Financial Times Deutschland, 2002

Der Autor

Martin Menzel, Jahrgang 1976, ist Diplom-Sozialpädagoge (FH) und arbeitet als freiberuflicher Trainer und Berater für Organisationen aus dem Sozial- und Gesundheitswesen sowie kleine und mittelständische Unternehmen. Daneben verfügt er über jahrelange Erfahrung in der Gremienarbeit durch vielfältige ehrenamtliche und hauptberufliche Tätigkeiten in der katholischen Jugendverbandsarbeit, in der Arbeit im Pfarrgemeinderat und Dekanatsrat und als Vorsitzender eines Kreisjugendrings. Er arbeitet mit Organisationen und Menschen, die an Veränderungen und Entwicklungen interessiert sind. Und sieht sich als Initiator von Prozessen, die vielschichtig Veränderungen in Gang setzen: Ziel seiner Arbeit ist es, die Produkte und Dienstleistungen von Organisationen zu verbessern, die Zufriedenheit von Kundinnen und Kunden zu erhöhen und die Kultur der Organisation im Blick auf die eigenen Mitarbeiterinnen und Mitarbeiter zu entwickeln. Neben seiner Rolle als Initiator und Begleiter von Veränderungsprozessen sieht er seine Aufgabe darin, Menschen zu trainieren, so dass sie den gestiegenen fachlichen und sozialen Anforderungen ihrer Arbeit gewachsen sind. Seine Trainings haben das Ziel, Menschen zu befähigen, konstruktiv, reflektiert und zielorientiert miteinander zu arbeiten. Die Organisation und die Menschen in diesen Systemen stellen den Mittelpunkt seiner Arbeit dar.

Arbeitsfeld Beratung

Seine Angebote im Bereich „Beratung" beschreibt Martin Menzel so: Er konzipiert und begleitet Prozesse des Wandels in Organisationen. Diese Prozesse verfolgen das Ziel, in Organisationen zu nachhaltigen, partizipativ erarbeiteten und breit getragenen guten Lösungen und Veränderungen zu gelangen.

Ansätze in diesem Bereich seiner Arbeit sind Entwicklungsprozesse auf der Leitungsebene seiner Kundinnen und Kunden, Workshops für die Mitarbeiterinnen und Mitarbeiter, Großgruppenveranstaltungen als Tool breiter Partizipation, Einführung neuer Strukturen und neuer Modelle der Zusammenarbeit oder Leitbildentwicklungen.

Seine Beratungsfelder im Einzelnen:

- ▸ Bürgerbeteiligungsverfahren
- ▸ Prozessbegleitung
- ▸ Qualitäts- und Serviceentwicklung
- ▸ Genderthemen

Arbeitsfeld Training

Die für Mitarbeiterinnen und Mitarbeiter in Zeiten intensiver und schneller Veränderungen nötigen Fähigkeiten und Tools bietet Martin Menzel seinen Kunden in maßgeschneiderten Trainingsangeboten an. Eine optimale Anpassung an den jeweiligen Unterstützungsbedarf ist die Grundlage seiner Arbeit.

Seine Seminarangebote im Einzelnen:

- ▸ Zielgerichtet moderieren
- ▸ Präsentieren und Visualisieren
- ▸ Rhetorik – die Kunst der freien Rede
- ▸ Vom Zeitmanagement zum Sebstmanagement
- ▸ Konfliktmanagement
- ▸ Projektmanagement
- ▸ Effektiv arbeiten mit großen Gruppen
- ▸ Arbeiten im Team
- ▸ Führen durch Kommunikation

Arbeitsfeld Moderation

Martin Menzel verfügt über viele Erfahrungen im Bereich Moderation. Im Rahmen seiner Arbeit moderiert er Veranstaltungen – von kleinen bis sehr großen.

Angefangen von wichtigen Sitzungen über Podiumsgespräche bis hin zu großen Veranstaltungen (z. B. Betriebsversammlungen) erstreckt sich sein Angebot.

Die Anlässe für moderierte Sitzungen können verschiedene sein: Eine aktuelle Konfliktsituation soll bearbeitet werden, ein neues Team soll sich konstituieren oder besonders wichtige Themen stehen zur Bearbeitung an.

Der Vorteil einer moderierten Sitzung liegt auf der Hand: Durch einen unvoreingenommen Moderator ist eine andere

Herangehensweise an Themen möglich: Alle können sich gleich intensiv an Diskussionen beteiligen und die Verantwortung für die Gesprächsleitung abgeben. Dadurch wird der Weg zu guten Lösungen frei.

Neben den gängigen Moderationsmethoden oder speziellen Settings (z. B. Zukunftswerkstatt), bei denen er stets einen stark partizipativen Ansatz verfolgt, kommen bei großen Veranstaltungen auch Methoden der Großgruppenmoderation, wie Open Space oder Zukunftskonferenz zum Einsatz, die das maximale Veränderungspotenzial auch bei sehr großen Gruppen (bis 500 Personen) freisetzen.

Kontakt zum Autor
Training und Beratung
Martin Menzel
Diplom-Sozialpädagoge (FH)
Adresse   Weberstraße 66
              47798 Krefeld
Telefon   (0 21 51) 62 14 40
Telefax   (0 21 51) 65 47 26
E-Mail   kontakt@training-beratung-moderation.de
Homepage   www.training-beratung-moderation.de

mit Gott per du

ISBN 3-7761-0119-9

Exerzitien im Alltag für junge Menschen

Diese Exerzitien im Alltag für junge Leute eröffnen einen Weg der Erfahrung mit sich und mit anderen. Jeden Tag werden Ignatianische Experimente zur Wahl gegeben, deren Ziel es ist, die Begegnung mit der Wirklichkeit in ihren unterschiedlichen Facetten zu initiieren. Der auf vier Wochen angelegte Exerzitienweg steht in der ersten Woche unter der Überschrift „sinnvoll leben", in der zweiten Woche „Mensch werden", in der dritten Woche „Ich bin Gottes Idee" und in der vierten Woche „Gott begegnen". Der Tag beginnt mit einem „Blick voraus", der eine feste Struktur (Psalm, biblischer Text, Stille, Vater unser, Segen) vorsieht, um in das vertrauensvolle Gespräch mit Gott hineinfinden zu können. In dieser morgendlichen Gebetszeit erfolgt die Wahl des Tagesexperiments. Angeboten werden jeweils 3–4 verschiedene Experimente. In Kreativ-, Wahrnehmungs- und Reflexionsexperimenten soll die Möglichkeit gegeben werden Erfahrungen zu machen. Dies kann alleine oder in Gemeinschaft geschehen. Den Tagesabschluss bildet der „Blick zurück". Hier darf der Tag mit seinen Erfahrungen, Gefühlen, Gedanken und Eindrücken vor und mit Gott frei zur Sprache kommen. Die einzelnen Wochen bauen aufeinander auf. Sie können aber auch als Module verwendet werden, sind also auch für schulpastorale Veranstaltungen wie Glaubenswochen oder Lebenswochen geeignet.

Verlag Haus Altenberg
ca. 152 Seiten, Paperback, Format: 14,0 × 21,5 cm

Global Games

ISBN 3-7761-0117-2

Spielend Barrieren zwischen Sprachen
und Kulturen überwinden

Spiele, „Eisbrecher" und Übungen für inter-
nationale Begegnungen: beim ersten Treffen,
am Beginn einer gemeinsamen inhaltlichen
Arbeit, zur Auflockerung oder zur Reflexion
der Gruppenergebnisse. Die Spiele selbst leben aus dem Mitmachen, weniger aus dem
Reden; die Erklärungen sind in verschiedenen
Sprachen. So können Gruppen auch dann
kommunizieren, wenn es mit der Sprache hapert. Von Kreis über Partner-
spiele bis zum Wettstreit in Gruppen, drinnen wie draußen, bietet das Buch
Spiele für Kinder und Jugendliche ab zehn bis in das junge Erwachsenen-
alter. Jedes Spiel wird auf deutsch und auf englisch, französisch, italienisch,
polnisch und türkisch erklärt. Ein ausführliches Register unterstützt den
treffsicheren Einsatz der Spiele.

Sechssprachig: deutsch, englisch, französisch, polnisch, italienisch, türkisch
Format: 15,0 × 23,0 cm; 238 Seiten, Paperback
Verlag Haus Altenberg, gemeinsam mit dem Herder Verlag

Sternschnuppen für Gruppenleiter

ISBN 3-7761-0154-7

58 neue und kreative Ideen
für Gruppenstunden

Die „Sternschnuppen für Gruppenleiter" bieten 58 Ideen für Gruppenstunden mit Kindern und Jugendlichen. Schnell und sicher
findet hier jeder seine Lieblingsgruppenstun-
de. Alle Gruppenstunden sind leicht verständlich geschrieben und Sie erhalten durch die
Tipps derer, die diese Stunden zusammenge-
stellt haben, wichtige und interessante Hinweise. Alles ist möglich, denn das
Erleben in der Gemeinschaft macht Spaß. Wählen Sie Ihre Gruppenstunde
aus und Sie werden Kinder und Jugendliche in der Schule oder in der
Jugendarbeit begeistern.

Verlag Haus Altenberg, 168 S., Paperback, Format: 15,0 × 23,0 cm

Flugstunden für die Seele

ISBN 3-7761-0059-1

Dieses Buch ist für Jugendleiterinnen und Jugendleiter. Es befasst sich mit dem Geist und der christlichen Grundlage der Jugendarbeit.

Dieses Buch gibt Gelegenheit für Jugendleiterinnen und -leiter sich mit dem auseinander zu setzen, was ganz oft als die Grundlage der Jugendarbeit bezeichnet wird. Außerdem möchte das Buch sich mit dem Geist der Arbeit befassen, mit der christlichen Ausrichtung der Jugendarbeit. Es zeichnet ein Bild über den Glauben der Menschen in der Jugendarbeit, verbindet, gibt Mut und Kraft für den Alltag. „Flugstunden für die Seele" gibt gerade denen die Möglichkeit, die immer da sind, die die Fäden in der Hand halten und alles managen, sich einfach ein paar ruhige Minuten oder Stunden Zeit zu nehmen, zu meditieren oder zu reflektieren. Das Buch eignet sich ideal als Geschenk für Jugendleiterinnen und Jugendleiter als Anerkennung für ihre Arbeit. Die Gedichte stehen zu einzelnen Themen, die uns alle angehen und bewegen, deshalb kann es auch für jeden anderen, aber auch für die Arbeit mit Gruppen, eine wertvolle Handreichung sein.

Verlag Haus Altenberg Düsseldorf 2000
Stefan Hohmann, Hermann Kügler SJ (Hrsg.)
176 Seiten, Format: 15,1 × 23,0 cm, Paperback

Leiten

ISBN 3-7761-0112-1

krass konkret katholisch

Jugendpastoral ist Erlebnis. Nicht nur bei großen Events, sondern da, wo zwei oder drei versammelt sind. Gruppenstunden, Wochenendfahrten oder Ferienlager bieten exklusive Freiräume für die Beschäftigung mit Fragen und Themen, die im Alltag kaum vorkommen. Dies ist ein Buch für alle, die solche Freiräume mit Kindern, Jugendlichen oder jungen Erwachsenen füllen wollen. Ein Buch mit Ideen, Anregungen und Experimenten. Ein Buch über Gott und die Welt und alles, was dazu gehört.

Verlag Haus Altenberg, 96 Seiten, Paperback

Achtung Andacht

ISBN 3-7761-0133-4

Gottesdienste, Meditationen und Andachten für die Jugendarbeit

Andacht – Achtung, wer bei diesem Wort an Murmeln leerer Sätze und Knien auf hartem Chorgestühl denkt, sollte der Andacht die Chance der Neuentdeckung geben! Das vorliegende Buch ist dabei behilflich und gibt wertvolle Anregungen. Singen, Stille, wechselseitiges oder freies Beten, Betrachtung eines Bildes oder eines Verses – all das sind Augenblicke der Aufmerksamkeit, all das ist Andacht. Andacht bedeutet: unterbrechen, sich sammeln, da sein, Acht geben und aufmerksam werden für Gottes Wort. Oft ist dafür nicht einmal viel an Vorbereitung notwendig. In diesem Buch laden über 40 Anregungen ein, zentrale Gedanken der christlichen Tradition erlebbar werden zu lassen und „ins Gebet" zu nehmen. Alle Andachtsentwürfe sind verständlich strukturiert und übersichtlich dargestellt. Mit konkreten Formulierungsvorschlägen wird gerade auch jüngeren Gruppenleiterinnen und Gruppenleitern der Zugang zur Umsetzung von Andachtsmodellen eröffnet. Alle Autoren verfügen über langjährige Erfahrung in der Pastoral mit Kindern und Jugendlichen. Ein Buch für – im Wortsinn – andächtige Zeiten.

Verlag Haus Altenberg
ca. 200 Seiten, Format: 15,0 × 23,0 cm, Paperback
Hrsg.: Peter Hahnen